The Arabian Scale in Eagle 53

507 Chords in the Arabian Scale for Eagle 53 Guitars and Pianos

John O'Sullivan

Published by
Pan Music Publishing

ISBN 978-1-8381219-5-2

Contents

Introduction

If you didn't know already Eagle 53 is an alternative musical tuning that I (with some assistance) worked out in 2016. Like regular Western tuning (12 Tone Equal Temperament, or 12 TET), Eagle 53 has 12 tones per octave but some of the notes are higher than usual and others are lower in varying degrees. The notes in Eagle 53 are very close to this just scale (or tuning)...

1/1, 16/15, 9/8, 6/5, 5/4, 4/3, 7/5, 3/2, 8/5, 5/3, 9/5, 15/8, 2/1

So if the frequency of the lowest note is 1, the frequency of the next note is very close to 16/15, the next note is very close to 9/8 and so on. Any desired frequency could be chosen for the starting note and the other notes would be scaled up or down accordingly. Here is Eagle 53 in cents (a standard semitone is 100 cents wide)...

0c, 113.2c, 203.8c, 317.0c, 384.9c, 498.1c, 588.7c, 701.9c, 815.1c, 883.0c, 1018.9c, 1086.8c, 1200.0c.

In comparison 12 TET notes are multiples of 100 cents. They look like this...

0c, 100c, 200c, 300c, 400c, 500c etc.

Eagle 53 is a 12 note subset of 53EDO. EDO stands for Equal Divisions of the Octave. With 12 TET the octave is divided into 12 equal divisions. With Eagle 53 the octave is divided into 53 equal divisions and 12 notes (out of the 53) are chosen that are closest to the just tuning near the top of this page.

With Eagle 53 regular major and minor chords are not available on every note, but, where they *do* occur they are more in tune (all intervals are within 1.4 cents of just or pure) than 12 TET major and minor chords. An interval is the distance between two notes.

A justly (perfectly) tuned six-note major chord looks like... 2:3:4:5:6:8. These integers show how the frequencies of the six notes relate to each other. In general, the smaller the numbers the stronger the chord. A six-note minor chord looks like... 10:15:20:24:30:40. These are much bigger numbers than are found in the major chord, and the minor chord indeed sounds much weaker than the major chord. I call these numbers separated by colons IRCs (integer Representation of a Chord). Here are some good chords that can be played on a guitar fretted for Eagle 53...

On 1/1 (E) Major and Minor
On 16/15 (F) Major
On 9/8 (F#) 4:5:8:10
On 6/5 (G) Major
On 5/4 (G#) Minor
On 4/3 (A) Major and Minor
On 7/5 (A#) 7:10:14:20
On 3/2 (B) Major and Minor
On 8/5 (C) Major
On 5/3 (C#) Minor
On 9/5 (D) 4:5:8:10
On 15/8 (D#) Minor

All of the intervals in the chords above (except the chord on A#) are within 1.4 cents of just.

I have described thousands of chords that occur in Eagle 53 in some of my other books, I'm just listing a few of the strongest ones here. The chords above on F#, G, A#, C, C#, D and D# do not occur in the Arabian melodic base described later. Some time around August 2020 I had an idea about selecting notes for a 'melodic base' and then when composing I would use only the notes in the melodic base both for melodies *and* chords. It seems to me that in Eagle 53 there is a very large number of *good* melodic intervals and a very small number of *sour* melodic intervals. I came up with a few 'rules' for choosing notes for the melodic base so as to avoid any sour melodic intervals. For the origin of these rules look at my John's Rules Music book.

If you choose an A, avoid D 7 notes below it and D 19 notes below it.

If you choose an A#, avoid F 7 notes above it and F 19 notes above it.

B is always good.

If you choose a C, avoid C# 1 note above it.

If you choose a C#, avoid C 1 note below it and F# 7 notes below it and F# 19 notes below it.

If you choose a D, avoid D# 1 note above it and A 7 notes above it and A 19 notes above it.

If you choose a D#, avoid D 1 note below it.

E is always good.

If you choose an F, avoid A# 7 notes below it and and A# 19 notes below it.

If you choose an F#, avoid C# 7 notes above it and C# 19 notes above it.

If you choose a G, avoid G# 1 note above it.

If you choose a G#, avoid G 1 note below it.

The idea is to make a list of notes over a certain range (say three octaves for a guitar) and then choose the notes you want. When you choose a note draw a circle around it. Look at the list of rules above. If you choose an F# then The C# seven notes above it is out (draw an 'X' over it) and the C# nineteen notes above it is out (draw an 'X' over it). The other C# notes are still good (so far). Obviously you cannot choose a note with an 'X' over it. Keep going until you have all the notes you want or until every note has either a circle around it or an 'X' drawn over it.

Happily, you get all the E and B notes for free. It seems to me that there aren't any notes in Eagle 53 that do not pair nicely, melodically, with any of the E or B notes (assuming 'E' is on 1/1).

It is interesting that going from an A note to the D note just above it is a *good* melodic interval. But going from a D note to the A note just above it is a *sour* (to my ears) melodic interval (in Eagle 53).

In some of my other books I describe 96 different scales. I wanted to pick just one scale and use that to demonstrate my 'melodic base' idea. The scale I chose was the Arabian Scale which I describe in my Ultimate Tuning book (go to my web site for details). It looks like this...

1/1, 16/15, 5/4, 4/3, 3/2, 8/5, 15/8, 2/1

E, F, G#, A, B, C, D#, E

I didn't choose this scale for religious or political reasons. I chose it because to me it sounds very exotic, very different to what you would hear usually in the Western world. A great example of a composition in the Arabian scale is Misirlou which was covered by Dick Dale and His Del-Tones. Misirlou means Egyptian girl. The song is featured on the soundtrack to the film Pulp Fiction. Search "misirlou pulp fiction" on the internet to hear it.

The chords in this book are playable on guitars fretted for Eagle 53 (see the diagram of an Eagle 53 fretboard below) and on pianos or similar keyboard instruments tuned to the Eagle 53 tuning. A few chords listed in this book are very difficult to play on an Eagle 53 fretted guitar but I left them in for completeness.

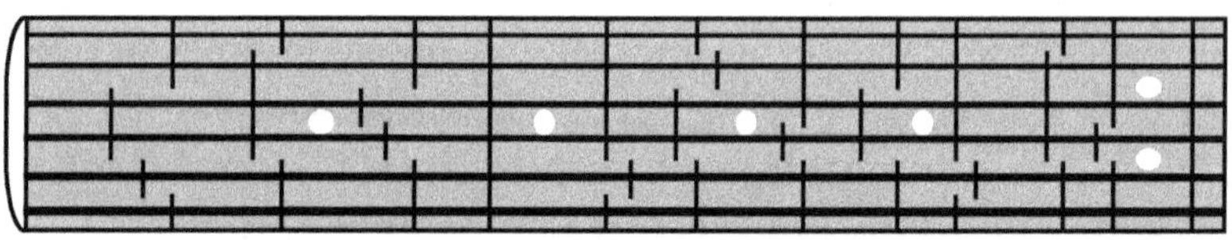

If you want to modify a guitar fretboard so as to accommodate the Eagle 53 tuning there are specifications for fret placements available free on my web site. I would advise hiring a luthier to do the job if you can afford it.

For electric keyboard players it should be possible to retune your instrument to Eagle 53. You will need a special cable to connect your keyboard to your computer and some software to do the retuning. The program I use is called microsynth-mini by H-Pi Instruments. It is inexpensive and I think there are versions for both Windows and Mac. For tuning acoustic pianos see my Eagle 53 Pianist book.

Here are the tuning adjustments for each note...

E - leave it alone
F - raise by 13.2 cents
F# - raise by 3.8 cents
G - raise by 17 cents
G# - lower by 15.1 cents
A - lower by 1.9 cents
A# - lower by 11.3 cents
B - raise by 1.9 cents
C - raise by 15.1 cents
C# - lower by 17 cents
D - raise by 18.9 cents
D# - lower by 13.2 cents

The cover of this book shows an instrument that looks like an oud but usually ouds do not have frets. Ouds are associated with the Middle East.

Chapter One
The Melodic Base

My Eagle 53 guitar is tuned similarly to 12 TET guitars: EADGBE where E corresponds to 1/1 (the first note) in the tuning. I name each note as follows. The lowest note on the lowest (bass) string is E1. Next are F1, F#1, G1 and G#1. The next note is A2 (there is no A1 to D#1). Then A#2, B2 etc. up to G#2. Then A3 up to G#3. Then A4 up to G#4 and so on.

For my melodic base I am just considering the notes between E1 and E4 (a three-octave range). On my Eagle fretted guitar this range covers all the notes from the lowest note on the bottom (bass) E string (E1) to the note on the twelfth fret on the top (treble) E string (E4). Here are the notes in the Arabian Scale...

E, F, G#, A, B, C, D#, E.

If you look at the rules for choosing notes in the introduction you will see that these notes all pair nicely with each other. Better still, these notes, over the full three octave range, all pair nicely with each other.

Can we add more notes? Yes we can! We can include the F# notes and we are still good to go. Including F# gives us a major chord on B. The F# notes don't clash with any of the other notes we have so far. We can't use any G notes because these clash with the G# notes. And we can't use any C# notes because these clash with the C notes and some of the F# notes below them.

Also A#2 and A#3 won't work but A#4 will. Any A# note will clash with the F notes 7 notes above it and 19 notes above it. Over the three octave range here (E1 to E4) there are no F notes above A#4 so A#4 is in. So here is my 'melodic base' for the Arabian scale with a few extra notes added for more variety...

E1, F1, F#1,____, G#1, A2,___, B2, C2,___, D2, D#2,

E2, F2, F#2,___, G#2, A3,___, B3, C3,___, D3, D#3,

E3, F3, F#3,___, G#3, A4, A#4, B4, C4,___, D4, D#4, E4

All of the notes in all of the chords listed later in this book belong to the 29-note melodic base above. If I'm right then you could choose any of the chords in this book (as many as you like) and no matter what order you play them the progression will always sound good. I suspect that for resolution, or a point of rest, the E major chord (low or high) would be a suitable chord to end a musical phrase or composition.

Chapter Two
Chords

There are 507 chords listed in this book. The first 343 chords are *Lush* chords which means they are clearly rooted and have an overall strength (or periodicity) value of 0.75 or higher. The remaining 164 chords are not lush, most of them are not clearly rooted and/or have a strength value less than 0.75. All of the chords in this book have a strength value of 0.4 or higher. I won't use a chord with a strength value less than 0.4. I explain these strength values in some of my other books, my Pianist book, my The Eagle 53 Guitarist Lush Chords book and my John's Rules Music book. The non-lush chords can be 'looked' up like you would look up words in a dictionary. The notes are arranged in ascending order: E1 to G#1, A2 to G#2, A3 to G#3 etc. They are grouped in six-note chords, five-note chords and four-note chords.

Note that there are two groups of five-note chords, chords 5-1 to 5-98 are on the EADGB strings and chords 5-99 to 5-220 are on the ADGBE strings.

And there are three groups of four-note chords. 4-1 to 4-146 are on the EADG strings. 4-147 to 4-245 are on the ADGB strings and 4-246 to 4-374 are on the DGBE strings.

Each chord listed has a diagram below it which represents the frets on a right handed guitar fretted for Eagle 53. The vertical lines are frets. N stands for Nut. An 'X' indicates a string that is not to be played. An 'O' indicates a note to be played. The dashes at the bottom of each diagram indicate the 3rd, 5th, 7th, 9th and 12th frets.

The frets in the diagrams line up nicely but on a real Eagle 53 guitar the frets are somewhat staggered, a different arrangement (see the picture on page 4 or the back cover). Even so, the diagrams should be clear enough to follow so as to play the chords on an Eagle 53 fretted guitar.

Above each diagram is the chord name, the IRC (explained in the introduction), the overall strength value (or periodicity) and the names of each of the notes in the chord.

These chords could also be played on pianos or keyboards

tuned to Eagle 53, just look at the note names above each diagram. Some chords contain unisons (two notes with the same pitch) and obviously these can't be played on a regular piano or keyboard. Omitting one note from a unison in a chord should be okay most of the time but in a few cases the strength of the chord will dip below 0.4 and would therefore be, for me, illegal.

Here are some likely chords to get started with...

E Major
F Major
F# 7:10:14:20 F#1, C2, F#2, C3 (4-45)
G# Minor
A Minor
B Major
C 4:5:8:10 C2, E2, C3, E3 (C2-97)
D# 7:10:12:14 D#2, A3, C3, D#3 (4-205)
E Major (one octave higher than previous E Major)

These should all sound good played in any order and finishing on one of the E Major chords should be a point of rest.

For piano or keyboard players, you need not be confined to the three octave range I have written about here. If you avoid chords containing an A# then you could play hundreds of the chords listed below over *any* range (e.g. a grand piano has seven octaves plus a few notes) and the progressions should always be good.

```
E1-1  1:2:3:4:3:4  5.333  E1,E2,B3,E3,B3,E3
O   |   |   |   |   |   |   |   |   |   |   |   |
O   |   |   |   |   |   |   |   |   |   |   |   |
N   |   |   |   |   |   |   |   |   O   |   |   |
N   |   |   |   |   |   |   |   |   O   |   |   |
N   |   |   |   |   |   |   O   |   |   |   |   |
O   |   |   |   |   |   |   |   |   |   |   |   |
            -       -       -       -           -
```

```
E1-2  1:2:3:4:3:6  5.167  E1,E2,B3,E3,B3,B4
N   |   |   |   |   |   |   O   |   |   |   |   |
O   |   |   |   |   |   |   |   |   |   |   |   |
N   |   |   |   |   |   |   |   |   O   |   |   |
N   |   |   |   |   |   |   |   |   O   |   |   |
N   |   |   |   |   |   |   O   |   |   |   |   |
O   |   |   |   |   |   |   |   |   |   |   |   |
            -       -       -       -           -
```

```
E1-3  1:2:3:4:5:4  5.067  E1,E2,B3,E3,G#3,E3
O   |   |   |   |   |   |   |   |   |   |   |   |
N   |   |   |   |   |   |   |   |   O   |   |   |
N   |   |   |   |   |   |   |   |   O   |   |   |
N   |   |   |   |   |   |   |   |   O   |   |   |
N   |   |   |   |   |   |   O   |   |   |   |   |
O   |   |   |   |   |   |   |   |   |   |   |   |
            -       -       -       -           -
```

```
E1-4  1:2:3:4:5:6  4.9  E1,E2,B3,E3,G#3,B4
N   |   |   |   |   |   |   O   |   |   |   |   |
N   |   |   |   |   |   |   |   |   O   |   |   |
N   |   |   |   |   |   |   |   |   O   |   |   |
N   |   |   |   |   |   |   |   |   O   |   |   |
N   |   |   |   |   |   |   O   |   |   |   |   |
O   |   |   |   |   |   |   |   |   |   |   |   |
            -       -       -       -           -
```

```
E1-5  2:3:4:5:6:8  3.15  E1,B2,E2,G#2,B3,E3
O   |   |   |   |   |   |   |   |   |   |   |   |
O   |   |   |   |   |   |   |   |   |   |   |   |
N   O   |   |   |   |   |   |   |   |   |   |   |
N   |   O   |   |   |   |   |   |   |   |   |   |
N   |   O   |   |   |   |   |   |   |   |   |   |
O   |   |   |   |   |   |   |   |   |   |   |   |
            -       -       -       -           -
```

```
E1-6  2:3:4:6:6:8  3.083  E1,B2,E2,B3,B3,E3
O   |   |   |   |   |   |   |   |   |   |   |   |
O   |   |   |   |   |   |   |   |   |   |   |   |
N   |   |   |   O   |   |   |   |   |   |   |   |
N   |   O   |   |   |   |   |   |   |   |   |   |
N   |   O   |   |   |   |   |   |   |   |   |   |
O   |   |   |   |   |   |   |   |   |   |   |   |
            -       -       -       -           -

E1-7  2:3:4:6:8:8  3.0  E1,B2,E2,B3,E3,E3
O   |   |   |   |   |   |   |   |   |   |   |   |
N   |   |   |   |   O   |   |   |   |   |   |   |
N   |   |   |   O   |   |   |   |   |   |   |   |
N   |   O   |   |   |   |   |   |   |   |   |   |
N   |   O   |   |   |   |   |   |   |   |   |   |
O   |   |   |   |   |   |   |   |   |   |   |   |
            -       -       -       -           -

E1-8  2:3:4:6:8:10  2.95  E1,B2,E2,B3,E3,G#3
N   |   |   |   O   |   |   |   |   |   |   |   |
N   |   |   |   |   O   |   |   |   |   |   |   |
N   |   |   |   O   |   |   |   |   |   |   |   |
N   |   O   |   |   |   |   |   |   |   |   |   |
N   |   O   |   |   |   |   |   |   |   |   |   |
O   |   |   |   |   |   |   |   |   |   |   |   |
            -       -       -       -           -

E1-9  2:4:5:6:6:8  2.817  E1,E2,G#2,B3,B3,E3
O   |   |   |   |   |   |   |   |   |   |   |   |
O   |   |   |   |   |   |   |   |   |   |   |   |
N   |   |   |   O   |   |   |   |   |   |   |   |
N   |   |   |   |   |   O   |   |   |   |   |   |
N   |   |   |   |   |   |   O   |   |   |   |   |
O   |   |   |   |   |   |   |   |   |   |   |   |
            -       -       -       -           -

E1-10  2:3:4:6:8  2.75  E1,B2,E2,B3,E3
X   |   |   |   |   |   |   |   |   |   |   |   |
N   |   |   |   |   O   |   |   |   |   |   |   |
N   |   |   |   O   |   |   |   |   |   |   |   |
N   |   O   |   |   |   |   |   |   |   |   |   |
N   |   O   |   |   |   |   |   |   |   |   |   |
O   |   |   |   |   |   |   |   |   |   |   |   |
            -       -       -       -           -
```

```
E1-11  2:4:5:6:8:8  2.733  E1,E2,G#2,B3,E3,E3
O   |   |   |   |   |   |   |   |   |   |   |   |
N   |   |   |   |   O   |   |   |   |   |   |   |
N   |   |   |   O   |   |   |   |   |   |   |   |
N   |   |   |   |   |   O   |   |   |   |   |   |
N   |   |   |   |   |   |   O   |   |   |   |   |
O   |   |   |   |   |   |   |   |   |   |   |   |
            -       -       -       -           -

E1-12  2:4:5:8:6:8  2.733  E1,E2,G#2,E3,B3,E3
O   |   |   |   |   |   |   |   |   |   |   |   |
O   |   |   |   |   |   |   |   |   |   |   |   |
N   |   |   |   |   |   |   |   |   O   |   |   |
N   |   |   |   |   |   O   |   |   |   |   |   |
N   |   |   |   |   |   |   O   |   |   |   |   |
O   |   |   |   |   |   |   |   |   |   |   |   |
            -       -       -       -           -

E1-13  2:5:6:8:6:8  2.567  E1,G#2,B3,E3,B3,E3
O   |   |   |   |   |   |   |   |   |   |   |   |
O   |   |   |   |   |   |   |   |   |   |   |   |
N   |   |   |   |   |   |   |   |   O   |   |   |
N   |   |   |   |   |   |   |   |   O   |   |   |
N   |   |   |   |   |   |   |   |   |   |   O   |
O   |   |   |   |   |   |   |   |   |   |   |   |
            -       -       -       -           -

E1-14  4:6:9:12:12  1.389  E1,B2,F#2,B3,B3
X   |   |   |   |   |   |   |   |   |   |   |   |
O   |   |   |   |   |   |   |   |   |   |   |   |
N   |   |   |   O   |   |   |   |   |   |   |   |
N   |   |   |   O   |   |   |   |   |   |   |   |
N   |   O   |   |   |   |   |   |   |   |   |   |
O   |   |   |   |   |   |   |   |   |   |   |   |
            -       -       -       -           -

E1-15  4:6:9:12:15  1.356  E1,B2,F#2,B3,D#3
X   |   |   |   |   |   |   |   |   |   |   |   |
N   |   |   |   O   |   |   |   |   |   |   |   |
N   |   |   |   O   |   |   |   |   |   |   |   |
N   |   |   |   O   |   |   |   |   |   |   |   |
N   |   O   |   |   |   |   |   |   |   |   |   |
O   |   |   |   |   |   |   |   |   |   |   |   |
            -       -       -       -           -
```

```
E1-16  4:6:9:10  1.256  E1,B2,F#2,G#2
X   |   |   |   |   |   |   |   |   |   |   |   |
X   |   |   |   |   |   |   |   |   |   |   |   |
N   O   |   |   |   |   |   |   |   |   |   |   |
N   |   |   |   O   |   |   |   |   |   |   |   |
N   |   O   |   |   |   |   |   |   |   |   |   |
O   |   |   |   |   |   |   |   |   |   |   |   |
            -       -       -       -           -

E1-17  4:6:9:12   1.222  E1,B2,F#2,B3
X   |   |   |   |   |   |   |   |   |   |   |   |
X   |   |   |   |   |   |   |   |   |   |   |   |
N   |   |   |   O   |   |   |   |   |   |   |   |
N   |   |   |   O   |   |   |   |   |   |   |   |
N   |   O   |   |   |   |   |   |   |   |   |   |
O   |   |   |   |   |   |   |   |   |   |   |   |
            -       -       -       -           -

E1-18  4:9:10:15:12  1.222  E1,F#2,G#2,D#3,B3
X   |   |   |   |   |   |   |   |   |   |   |   |
O   |   |   |   |   |   |   |   |   |   |   |   |
N   |   |   |   |   |   |   O   |   |   |   |   |
N   |   |   |   |   |   O   |   |   |   |   |   |
N   |   |   |   |   |   |   |   O   |   |   |   |
O   |   |   |   |   |   |   |   |   |   |   |   |
            -       -       -       -           -

E1-19  4:9:12:15:12  1.189  E1,F#2,B3,D#3,B3
X   |   |   |   |   |   |   |   |   |   |   |   |
O   |   |   |   |   |   |   |   |   |   |   |   |
N   |   |   |   |   |   |   O   |   |   |   |   |
N   |   |   |   |   |   |   |   O   |   |   |   |
N   |   |   |   |   |   |   |   O   |   |   |   |
O   |   |   |   |   |   |   |   |   |   |   |   |
            -       -       -       -           -

E1-20  4:10:12:15:12  1.167  E1,G#2,B3,D#3,B3
X   |   |   |   |   |   |   |   |   |   |   |   |
O   |   |   |   |   |   |   |   |   |   |   |   |
N   |   |   |   |   |   |   O   |   |   |   |   |
N   |   |   |   |   |   |   |   O   |   |   |   |
N   |   |   |   |   |   |   |   |   |   O   |   |
O   |   |   |   |   |   |   |   |   |   |   |   |
            -       -       -       -           -
```

```
E1-21  4:8:9:12  1.139  E1,E2,F#2,B3
X   |   |   |   |   |   |   |   |   |   |   |   |
X   |   |   |   |   |   |   |   |   |   |   |   |
N   |   |   |   O   |   |   |   |   |   |   |   |
N   |   |   |   O   |   |   |   |   |   |   |   |
N   |   |   |   |   |   |   O   |   |   |   |   |
O   |   |   |   |   |   |   |   |   |   |   |   |
            -       -       -       -           -

E1-22  4:10:12:15  1.0  E1,G#2,B3,D#3
X   |   |   |   |   |   |   |   |   |   |   |   |
X   |   |   |   |   |   |   |   |   |   |   |   |
N   |   |   |   |   |   |   |   O   |   |   |   |
N   |   |   |   |   |   |   |   |   O   |   |   |
N   |   |   |   |   |   |   |   |   |   |   O   |
O   |   |   |   |   |   |   |   |   |   |   |   |
            -       -       -       -           -

F1-1  2:3:4:5:6:8  3.15  F1,C2,F2,A3,C3,F3
N   O   |   |   |   |   |   |   |   |   |   |   |
N   O   |   |   |   |   |   |   |   |   |   |   |
N   |   O   |   |   |   |   |   |   |   |   |   |
N   |   |   O   |   |   |   |   |   |   |   |   |
N   |   |   O   |   |   |   |   |   |   |   |   |
N   O   |   |   |   |   |   |   |   |   |   |   |
            -       -       -       -           -

F1-2  2:3:4:5:6  2.9  F1,C2,F2,A3,C3
X   |   |   |   |   |   |   |   |   |   |   |   |
N   O   |   |   |   |   |   |   |   |   |   |   |
N   |   O   |   |   |   |   |   |   |   |   |   |
N   |   |   O   |   |   |   |   |   |   |   |   |
N   |   |   O   |   |   |   |   |   |   |   |   |
N   O   |   |   |   |   |   |   |   |   |   |   |
            -       -       -       -           -

F1-3  2:3:4:5:7  2.852  F1,C2,F2,A3,D#3
X   |   |   |   |   |   |   |   |   |   |   |   |
N   |   |   |   O   |   |   |   |   |   |   |   |
N   |   O   |   |   |   |   |   |   |   |   |   |
N   |   |   O   |   |   |   |   |   |   |   |   |
N   |   |   O   |   |   |   |   |   |   |   |   |
N   O   |   |   |   |   |   |   |   |   |   |   |
            -       -       -       -           -
```

```
F1-4  2:3:4:5  2.567  F1,C2,F2,A3
X  |  |  |  |  |  |  |  |  |  |  |  |
X  |  |  |  |  |  |  |  |  |  |  |  |
N  |  O  |  |  |  |  |  |  |  |  |  |
N  |  |  O  |  |  |  |  |  |  |  |  |
N  |  |  O  |  |  |  |  |  |  |  |  |
N  O  |  |  |  |  |  |  |  |  |  |  |
         -     -     -     -        -

F1-5  4:5:7:10:12:15  1.686  F1,A2,D#2,A3,C3,E3
O  |  |  |  |  |  |  |  |  |  |  |  |
N  O  |  |  |  |  |  |  |  |  |  |  |
N  |  O  |  |  |  |  |  |  |  |  |  |
N  O  |  |  |  |  |  |  |  |  |  |  |
O  |  |  |  |  |  |  |  |  |  |  |  |
N  O  |  |  |  |  |  |  |  |  |  |  |
         -     -     -     -        -

F1-6  4:5:8:10:12:16  1.642  F1,A2,F2,A3,C3,F3
N  O  |  |  |  |  |  |  |  |  |  |  |
N  O  |  |  |  |  |  |  |  |  |  |  |
N  |  O  |  |  |  |  |  |  |  |  |  |
N  |  |  O  |  |  |  |  |  |  |  |  |
O  |  |  |  |  |  |  |  |  |  |  |  |
N  O  |  |  |  |  |  |  |  |  |  |  |
         -     -     -     -        -

F1-8  4:5:7:10:12  1.552  F1,A2,D#2,A3,C3
X  |  |  |  |  |  |  |  |  |  |  |  |
N  O  |  |  |  |  |  |  |  |  |  |  |
N  |  O  |  |  |  |  |  |  |  |  |  |
N  O  |  |  |  |  |  |  |  |  |  |  |
O  |  |  |  |  |  |  |  |  |  |  |  |
N  O  |  |  |  |  |  |  |  |  |  |  |
         -     -     -     -        -

F1-10  4:5:8:10:12  1.517  F1,A2,F2,A3,C3
X  |  |  |  |  |  |  |  |  |  |  |  |
N  O  |  |  |  |  |  |  |  |  |  |  |
N  |  O  |  |  |  |  |  |  |  |  |  |
N  |  |  O  |  |  |  |  |  |  |  |  |
O  |  |  |  |  |  |  |  |  |  |  |  |
N  O  |  |  |  |  |  |  |  |  |  |  |
         -     -     -     -        -
```

```
F1-12  4:5:8:10:14  1.493  F1,A2,F2,A3,D#3
X   |   |   |   |   |   |   |   |   |   |   |   |
N   |   |   |   O   |   |   |   |   |   |   |   |
N   |   O   |   |   |   |   |   |   |   |   |   |
N   |   |   O   |   |   |   |   |   |   |   |   |
O   |   |   |   |   |   |   |   |   |   |   |   |
N   O   |   |   |   |   |   |   |   |   |   |   |
            -       -       -       -           -

F1-15  4:5:7:10  1.386  F1,A2,D#2,A3
X   |   |   |   |   |   |   |   |   |   |   |   |
X   |   |   |   |   |   |   |   |   |   |   |   |
N   |   O   |   |   |   |   |   |   |   |   |   |
N   O   |   |   |   |   |   |   |   |   |   |   |
O   |   |   |   |   |   |   |   |   |   |   |   |
N   O   |   |   |   |   |   |   |   |   |   |   |
            -       -       -       -           -

F1-17  4:5:8:10  1.35  F1,A2,F2,A3
X   |   |   |   |   |   |   |   |   |   |   |   |
X   |   |   |   |   |   |   |   |   |   |   |   |
N   |   O   |   |   |   |   |   |   |   |   |   |
N   |   |   O   |   |   |   |   |   |   |   |   |
O   |   |   |   |   |   |   |   |   |   |   |   |
N   O   |   |   |   |   |   |   |   |   |   |   |
            -       -       -       -           -

F1-19  4:6:7:10  1.319  F1,C2,D#2,A3
X   |   |   |   |   |   |   |   |   |   |   |   |
X   |   |   |   |   |   |   |   |   |   |   |   |
N   |   O   |   |   |   |   |   |   |   |   |   |
N   O   |   |   |   |   |   |   |   |   |   |   |
N   |   |   O   |   |   |   |   |   |   |   |   |
N   O   |   |   |   |   |   |   |   |   |   |   |
            -       -       -       -           -

G#1-1  2:3:4:6  2.5  G#1,D#2,G#2,D#3
X   |   |   |   |   |   |   |   |   |   |   |   |
X   |   |   |   |   |   |   |   |   |   |   |   |
N   |   |   |   |   |   |   |   O   |   |   |   |
N   |   |   |   |   |   O   |   |   |   |   |   |
N   |   |   |   |   |   O   |   |   |   |   |   |
N   |   |   |   O   |   |   |   |   |   |   |   |
            -       -       -       -           -
```

```
G#1-2  2:3:4  2.167  G#1,D#2,G#2
X   |   |   |   |   |   |   |   |   |   |   |   |
X   |   |   |   |   |   |   |   |   |   |   |   |
N   |   |   |   |   |   |   |   |   |   |   |   |
N   |   |   |   |   |   O   |   |   |   |   |   |
N   |   |   |   |   |   O   |   |   |   |   |   |
N   |   |   |   O   |   |   |   |   |   |   |   |
            -       -       -       -           -

A2-1  1:2:3:4:3  4.833  A2,A3,E3,A4,E3
O   |   |   |   |   |   |   |   |   |   |   |   |
N   |   |   |   |   |   |   |   |   O   |   |   |
N   |   |   |   |   |   |   |   O   |   |   |   |
N   |   |   |   |   |   |   O   |   |   |   |   |
O   |   |   |   |   |   |   |   |   |   |   |   |
X   |   |   |   |   |   |   |   |   |   |   |   |
            -       -       -       -           -

A2-9  2:3:4:6:8  2.75  A2,E2,A3,E3,A4
N   |   |   |   |   O   |   |   |   |   |   |   |
N   |   |   |   |   O   |   |   |   |   |   |   |
N   |   O   |   |   |   |   |   |   |   |   |   |
N   |   O   |   |   |   |   |   |   |   |   |   |
O   |   |   |   |   |   |   |   |   |   |   |   |
X   |   |   |   |   |   |   |   |   |   |   |   |
            -       -       -       -           -

A2-13  2:3:4:6  2.5  A2,E2,A3,E3
X   |   |   |   |   |   |   |   |   |   |   |   |
N   |   |   |   |   O   |   |   |   |   |   |   |
N   |   O   |   |   |   |   |   |   |   |   |   |
N   |   O   |   |   |   |   |   |   |   |   |   |
O   |   |   |   |   |   |   |   |   |   |   |   |
X   |   |   |   |   |   |   |   |   |   |   |   |
            -       -       -       -           -

A2-16  3:4:6:8:9:12  2.139  E1,A2,E2,A3,B3,E3
O   |   |   |   |   |   |   |   |   |   |   |   |
O   |   |   |   |   |   |   |   |   |   |   |   |
N   |   O   |   |   |   |   |   |   |   |   |   |
N   |   O   |   |   |   |   |   |   |   |   |   |
O   |   |   |   |   |   |   |   |   |   |   |   |
O   |   |   |   |   |   |   |   |   |   |   |   |
            -       -       -       -           -
```

```
A2-18  3:4:6:9:9:12  2.111  E1,A2,E2,B3,B3,E3
O   |   |   |   |   |   |   |   |   |   |   |   |
O   |   |   |   |   |   |   |   |   |   |   |   |
N   |   |   |   O   |   |   |   |   |   |   |   |
N   |   O   |   |   |   |   |   |   |   |   |   |
O   |   |   |   |   |   |   |   |   |   |   |   |
O   |   |   |   |   |   |   |   |   |   |   |   |
            -       -       -       -           -

A2-20  3:4:6:9:9:15  2.078  A2,E2,B3,B3,G#3
N   |   |   |   O   |   |   |   |   |   |   |   |
O   |   |   |   |   |   |   |   |   |   |   |   |
N   |   |   |   O   |   |   |   |   |   |   |   |
N   |   O   |   |   |   |   |   |   |   |   |   |
O   |   |   |   |   |   |   |   |   |   |   |   |
O   |   |   |   |   |   |   |   |   |   |   |   |
            -       -       -       -           -

A2-21  3:4:6:9:12:12  2.056 E1,A2,E2,B3,E3,E3
O   |   |   |   |   |   |   |   |   |   |   |   |
N   |   |   |   |   O   |   |   |   |   |   |   |
N   |   |   |   O   |   |   |   |   |   |   |   |
N   |   O   |   |   |   |   |   |   |   |   |   |
O   |   |   |   |   |   |   |   |   |   |   |   |
O   |   |   |   |   |   |   |   |   |   |   |   |
            -       -       -       -           -

A2-22  3:4:8:9:9:12  2.028  E1,A2,A3,B3,B3,E3
O   |   |   |   |   |   |   |   |   |   |   |   |
O   |   |   |   |   |   |   |   |   |   |   |   |
N   |   |   |   O   |   |   |   |   |   |   |   |
N   |   |   |   |   |   |   O   |   |   |   |   |
O   |   |   |   |   |   |   |   |   |   |   |   |
O   |   |   |   |   |   |   |   |   |   |   |   |
            -       -       -       -           -

A2-23  3:4:6:9:12:15  2.023  A2,E2,B3,E3,G#3
N   |   |   |   O   |   |   |   |   |   |   |   |
N   |   |   |   |   O   |   |   |   |   |   |   |
N   |   |   |   O   |   |   |   |   |   |   |   |
N   |   O   |   |   |   |   |   |   |   |   |   |
O   |   |   |   |   |   |   |   |   |   |   |   |
O   |   |   |   |   |   |   |   |   |   |   |   |
            -       -       -       -           -
```

```
A2-27  3:4:8:12:9:12  1.972  E1,A2,A3,E3,B3,E3
O   |   |   |   |   |   |   |   |   |   |   |   |
O   |   |   |   |   |   |   |   |   |   |   |   |
N   |   |   |   |   |   |   |   |   o   |   |   |
N   |   |   |   |   |   |   o   |   |   |   |   |
O   |   |   |   |   |   |   |   |   |   |   |   |
O   |   |   |   |   |   |   |   |   |   |   |   |
            -       -       -       -           -

A2-28  3:4:8:9:12:12  1.972  E1,A2,A3,B3,E3,E3
O   |   |   |   |   |   |   |   |   |   |   |   |
N   |   |   |   |   o   |   |   |   |   |   |   |
N   |   |   |   o   |   |   |   |   |   |   |   |
N   |   |   |   |   |   |   o   |   |   |   |   |
O   |   |   |   |   |   |   |   |   |   |   |   |
O   |   |   |   |   |   |   |   |   |   |   |   |
            -       -       -       -           -

A2-31  3:4:9:12:9:12  1.944  E1,A2,B3,E3,B3,E3
O   |   |   |   |   |   |   |   |   |   |   |   |
O   |   |   |   |   |   |   |   |   |   |   |   |
N   |   |   |   |   |   |   |   |   o   |   |   |
N   |   |   |   |   |   |   |   |   o   |   |   |
O   |   |   |   |   |   |   |   |   |   |   |   |
O   |   |   |   |   |   |   |   |   |   |   |   |
            -       -       -       -           -

A2-34  3:4:6:8:12  1.917  E1,A2,E2,A3,E3
X   |   |   |   |   |   |   |   |   |   |   |   |
N   |   |   |   |   o   |   |   |   |   |   |   |
N   |   o   |   |   |   |   |   |   |   |   |   |
N   |   o   |   |   |   |   |   |   |   |   |   |
O   |   |   |   |   |   |   |   |   |   |   |   |
O   |   |   |   |   |   |   |   |   |   |   |   |
            -       -       -       -           -

A2-36  4:4:8:9:9:12  1.861  A2,A2,A3,B3,B3,E3
O   |   |   |   |   |   |   |   |   |   |   |   |
O   |   |   |   |   |   |   |   |   |   |   |   |
N   |   |   |   o   |   |   |   |   |   |   |   |
N   |   |   |   |   |   |   o   |   |   |   |   |
O   |   |   |   |   |   |   |   |   |   |   |   |
N   |   |   |   |   o   |   |   |   |   |   |   |
            -       -       -       -           -
```

```
A2-40   3:4:8:9:12   1.806   E1,A2,A3,B3,E3
X  |  |  |  |  |  |  |  |  |  |  |  |
N  |  |  |  |  O  |  |  |  |  |  |  |
N  |  |  |  O  |  |  |  |  |  |  |  |
N  |  |  |  |  |  |  O  |  |  |  |  |
O  |  |  |  |  |  |  |  |  |  |  |  |
O  |  |  |  |  |  |  |  |  |  |  |  |
         -     -     -     -        -

A2-41   4:4:8:9:12:12   1.806   A2,A2,A3,B3,E3,E3
O  |  |  |  |  |  |  |  |  |  |  |  |
N  |  |  |  |  O  |  |  |  |  |  |  |
N  |  |  |  O  |  |  |  |  |  |  |  |
N  |  |  |  |  |  |  O  |  |  |  |  |
O  |  |  |  |  |  |  |  |  |  |  |  |
N  |  |  |  |  O  |  |  |  |  |  |  |
         -     -     -     -        -

A2-44   4:6:8:9:9:12   1.694   A2,E2,A3,B3,B3,E3
O  |  |  |  |  |  |  |  |  |  |  |  |
O  |  |  |  |  |  |  |  |  |  |  |  |
N  |  |  |  O  |  |  |  |  |  |  |  |
N  |  |  |  |  |  |  O  |  |  |  |  |
N  |  |  |  |  |  |  O  |  |  |  |  |
N  |  |  |  |  O  |  |  |  |  |  |  |
         -     -     -     -        -

A2-49   4:4:8:9   1.472   A2,A2,A3,B3
X  |  |  |  |  |  |  |  |  |  |  |  |
X  |  |  |  |  |  |  |  |  |  |  |  |
N  |  |  |  O  |  |  |  |  |  |  |  |
N  |  |  |  |  |  |  O  |  |  |  |  |
O  |  |  |  |  |  |  |  |  |  |  |  |
N  |  |  |  |  O  |  |  |  |  |  |  |
         -     -     -     -        -

A2   4:6:8:9:12   1.472   A2,E2,A3,B3,E3
X  |  |  |  |  |  |  |  |  |  |  |  |
N  |  |  |  |  O  |  |  |  |  |  |  |
N  |  |  |  O  |  |  |  |  |  |  |  |
N  |  |  |  |  |  |  O  |  |  |  |  |
N  |  |  |  |  |  |  O  |  |  |  |  |
N  |  |  |  |  O  |  |  |  |  |  |  |
         -     -     -     -        -
```

```
A2-53  4:6:9:12:15  1.356  A2,E2,B3,E3,G#3
N   |   |   |   O   |   |   |   |   |   |   |   |
N   |   |   |   |   O   |   |   |   |   |   |   |
N   |   |   |   O   |   |   |   |   |   |   |   |
N   |   O   |   |   |   |   |   |   |   |   |   |
O   |   |   |   |   |   |   |   |   |   |   |   |
X   |   |   |   |   |   |   |   |   |   |   |   |
            -       -       -       -           -

A2-57  4:8:9:12:12  1.306  A2,A3,B3,E3,E3
O   |   |   |   |   |   |   |   |   |   |   |   |
N   |   |   |   |   O   |   |   |   |   |   |   |
N   |   |   |   O   |   |   |   |   |   |   |   |
N   |   |   |   |   |   |   O   |   |   |   |   |
O   |   |   |   |   |   |   |   |   |   |   |   |
X   |   |   |   |   |   |   |   |   |   |   |   |
            -       -       -       -           -

A2-58  4:8:12:9:12  1.306  A2,A3,E3,B3,E3
O   |   |   |   |   |   |   |   |   |   |   |   |
O   |   |   |   |   |   |   |   |   |   |   |   |
N   |   |   |   |   |   |   |   |   O   |   |   |
N   |   |   |   |   |   |   O   |   |   |   |   |
O   |   |   |   |   |   |   |   |   |   |   |   |
X   |   |   |   |   |   |   |   |   |   |   |   |
            -       -       -       -           -

A2-59  4:6:8:9  1.306  A2,E2,A3,B3
X   |   |   |   |   |   |   |   |   |   |   |   |
X   |   |   |   |   |   |   |   |   |   |   |   |
N   |   |   |   O   |   |   |   |   |   |   |   |
N   |   |   |   |   |   |   O   |   |   |   |   |
N   |   |   |   |   |   |   O   |   |   |   |   |
N   |   |   |   |   O   |   |   |   |   |   |   |
            -       -       -       -           -

A2-63  4:6:9:12  1.222  A2,E2,B3,E3
X   |   |   |   |   |   |   |   |   |   |   |   |
N   |   |   |   |   O   |   |   |   |   |   |   |
N   |   |   |   O   |   |   |   |   |   |   |   |
N   |   O   |   |   |   |   |   |   |   |   |   |
O   |   |   |   |   |   |   |   |   |   |   |   |
X   |   |   |   |   |   |   |   |   |   |   |   |
            -       -       -       -           -
```

```
A2-64  4:9:12:15:12  1.189  A2,B3,E3,G#3,E3
O   |   |   |   |   |   |   |   |   |   |   |   |
N   |   |   |   |   |   |   |   |   O   |   |   |
N   |   |   |   |   |   |   |   |   O   |   |   |
N   |   |   |   |   |   |   |   |   O   |   |   |
O   |   |   |   |   |   |   |   |   |   |   |   |
X   |   |   |   |   |   |   |   |   |   |   |   |
            -       -       -       -           -

A2-68  9:8:18:24:18:24  0.861  B2,A2,B3,E3,B3,E3
O   |   |   |   |   |   |   |   |   |   |   |   |
O   |   |   |   |   |   |   |   |   |   |   |   |
N   |   |   |   |   |   |   |   |   O   |   |   |
N   |   |   |   |   |   |   |   |   O   |   |   |
O   |   |   |   |   |   |   |   |   |   |   |   |
N   |   |   |   |   |   |   O   |   |   |   |   |
            -       -       -       -           -

A2-69  9:8:18:24:30:24  0.817  B2,A2,B3,E3,G#3,E3
O   |   |   |   |   |   |   |   |   |   |   |   |
N   |   |   |   |   |   |   |   |   O   |   |   |
N   |   |   |   |   |   |   |   |   O   |   |   |
N   |   |   |   |   |   |   |   |   O   |   |   |
O   |   |   |   |   |   |   |   |   |   |   |   |
N   |   |   |   |   |   |   O   |   |   |   |   |
            -       -       -       -           -

A2-70  8:9:12:18  0.75  A2,B2,E2,B3
X   |   |   |   |   |   |   |   |   |   |   |   |
X   |   |   |   |   |   |   |   |   |   |   |   |
N   |   |   |   O   |   |   |   |   |   |   |   |
N   |   O   |   |   |   |   |   |   |   |   |   |
N   |   O   |   |   |   |   |   |   |   |   |   |
N   |   |   |   |   O   |   |   |   |   |   |   |
            -       -       -       -           -

B2-1  2:3:4:5:4:8  3.317  B2,F#2,B3,D#3,B3,B4
N   |   |   |   |   |   |   O   |   |   |   |   |
O   |   |   |   |   |   |   |   |   |   |   |   |
N   |   |   |   |   |   |   |   O   |   |   |   |
N   |   |   |   |   |   |   |   |   O   |   |   |
N   |   |   |   |   |   |   |   |   O   |   |   |
N   |   |   |   |   |   |   O   |   |   |   |   |
            -       -       -       -           -
```

```
B2-2  2:3:4:5:6:8  3.15  B2,F#2,B3,D#3,F#3,B4
N   |   |   |   |   |   |   O   |   |   |   |   |
N   |   |   |   |   |   |   O   |   |   |   |   |
N   |   |   |   |   |   |   |   O   |   |   |   |
N   |   |   |   |   |   |   |   |   O   |   |   |
N   |   |   |   |   |   |   |   |   O   |   |   |
N   |   |   |   |   |   |   O   |   |   |   |   |
            -       -       -       -           -

B2-3  2:3:4:5:4  3.067  B2,F#2,B3,D#3,B3
X   |   |   |   |   |   |   |   |   |   |   |   |
O   |   |   |   |   |   |   |   |   |   |   |   |
N   |   |   |   |   |   |   |   O   |   |   |   |
N   |   |   |   |   |   |   |   |   O   |   |   |
N   |   |   |   |   |   |   |   |   O   |   |   |
N   |   |   |   |   |   |   O   |   |   |   |   |
            -       -       -       -           -

B2-4  2:3:4:4:6  3.0  B2,F#2,B3,B3,F#3
N   |   O   |   |   |   |   |   |   |   |   |   |
O   |   |   |   |   |   |   |   |   |   |   |   |
N   |   |   |   O   |   |   |   |   |   |   |   |
N   |   |   |   O   |   |   |   |   |   |   |   |
N   |   O   |   |   |   |   |   |   |   |   |   |
X   |   |   |   |   |   |   |   |   |   |   |   |
            -       -       -       -           -

B2-5  2:3:4:5:6  2.9  B2,F#2,B3,D#3,F#3
N   |   O   |   |   |   |   |   |   |   |   |   |
N   |   |   |   O   |   |   |   |   |   |   |   |
N   |   |   |   O   |   |   |   |   |   |   |   |
N   |   |   |   O   |   |   |   |   |   |   |   |
N   |   O   |   |   |   |   |   |   |   |   |   |
X   |   |   |   |   |   |   |   |   |   |   |   |
            -       -       -       -           -

B2-6  2:3:4:5:6  2.9  B2,F#2,B3,D#3,F#3
X   |   |   |   |   |   |   |   |   |   |   |   |
N   |   |   |   |   |   |   O   |   |   |   |   |
N   |   |   |   |   |   |   |   O   |   |   |   |
N   |   |   |   |   |   |   |   |   O   |   |   |
N   |   |   |   |   |   |   |   |   O   |   |   |
N   |   |   |   |   |   |   O   |   |   |   |   |
            -       -       -       -           -
```

```
B2-7  2:3:4:4  B2  2.667  B2,F#2,B3,B3
X   |   |   |   |   |   |   |   |   |   |   |   |
O   |   |   |   |   |   |   |   |   |   |   |   |
N   |   |   |   O   |   |   |   |   |   |   |   |
N   |   |   |   O   |   |   |   |   |   |   |   |
N   |   O   |   |   |   |   |   |   |   |   |   |
X   |   |   |   |   |   |   |   |   |   |   |   |
            -       -       -       -           -

B2-8  2:3:4:5  2.567  B2,F#2,B3,D#3
X   |   |   |   |   |   |   |   |   |   |   |   |
N   |   |   |   O   |   |   |   |   |   |   |   |
N   |   |   |   O   |   |   |   |   |   |   |   |
N   |   |   |   O   |   |   |   |   |   |   |   |
N   |   O   |   |   |   |   |   |   |   |   |   |
X   |   |   |   |   |   |   |   |   |   |   |   |
            -       -       -       -           -

B2-9  2:3:4:5  2.567  B2,F#2,B3,D#3
X   |   |   |   |   |   |   |   |   |   |   |   |
X   |   |   |   |   |   |   |   |   |   |   |   |
N   |   |   |   |   |   |   |   O   |   |   |   |
N   |   |   |   |   |   |   |   |   O   |   |   |
N   |   |   |   |   |   |   |   |   O   |   |   |
N   |   |   |   |   |   |   O   |   |   |   |   |
            -       -       -       -           -

B2-10  3:4:6:8:8:12  2.167  F#1,B2,F#2,B3,B3,F#3
N   |   O   |   |   |   |   |   |   |   |   |   |
O   |   |   |   |   |   |   |   |   |   |   |   |
N   |   |   |   O   |   |   |   |   |   |   |   |
N   |   |   |   O   |   |   |   |   |   |   |   |
N   |   O   |   |   |   |   |   |   |   |   |   |
N   |   O   |   |   |   |   |   |   |   |   |   |
            -       -       -       -           -

B2-11  3:4:6:8:10:12  2.117  F#1,B2,F#2,B3,D#3,F#3
N   |   O   |   |   |   |   |   |   |   |   |   |
N   |   |   |   O   |   |   |   |   |   |   |   |
N   |   |   |   O   |   |   |   |   |   |   |   |
N   |   |   |   O   |   |   |   |   |   |   |   |
N   |   O   |   |   |   |   |   |   |   |   |   |
N   |   O   |   |   |   |   |   |   |   |   |   |
            -       -       -       -           -
```

```
B2-12  3:4:5:8:8  2.067  F#1,B2,D#2,B3,B3
X   |   |   |   |   |   |   |   |   |   |   |   |
O   |   |   |   |   |   |   |   |   |   |   |   |
N   |   |   |   O   |   |   |   |   |   |   |   |
N   O   |   |   |   |   |   |   |   |   |   |   |
N   |   O   |   |   |   |   |   |   |   |   |   |
N   |   O   |   |   |   |   |   |   |   |   |   |
            -       -       -       -           -

B2-13  3:4:5:8:10  2.017  F#1,B2,D#2,B3,D#3
X   |   |   |   |   |   |   |   |   |   |   |   |
N   |   |   |   O   |   |   |   |   |   |   |   |
N   |   |   |   O   |   |   |   |   |   |   |   |
N   O   |   |   |   |   |   |   |   |   |   |   |
N   |   O   |   |   |   |   |   |   |   |   |   |
N   |   O   |   |   |   |   |   |   |   |   |   |
            -       -       -       -           -

B2-14  3:4:6:8:8  2.0  F#1,B2,F#2,B3,B3
X   |   |   |   |   |   |   |   |   |   |   |   |
O   |   |   |   |   |   |   |   |   |   |   |   |
N   |   |   |   O   |   |   |   |   |   |   |   |
N   |   |   |   O   |   |   |   |   |   |   |   |
N   |   O   |   |   |   |   |   |   |   |   |   |
N   |   O   |   |   |   |   |   |   |   |   |   |
            -       -       -       -           -

B2-15  3:4:6:8:10  1.95  F#1,B2,F#2,B3,D#3
X   |   |   |   |   |   |   |   |   |   |   |   |
N   |   |   |   O   |   |   |   |   |   |   |   |
N   |   |   |   O   |   |   |   |   |   |   |   |
N   |   |   |   O   |   |   |   |   |   |   |   |
N   |   O   |   |   |   |   |   |   |   |   |   |
N   |   O   |   |   |   |   |   |   |   |   |   |
            -       -       -       -           -

B2-16  3:4:5:8  1.817  F#1,B2,D#2,B3
X   |   |   |   |   |   |   |   |   |   |   |   |
X   |   |   |   |   |   |   |   |   |   |   |   |
N   |   |   |   O   |   |   |   |   |   |   |   |
N   O   |   |   |   |   |   |   |   |   |   |   |
N   |   O   |   |   |   |   |   |   |   |   |   |
N   |   O   |   |   |   |   |   |   |   |   |   |
            -       -       -       -           -
```

```
B2-17  4:5:6:8:10:16  1.808  B2,D#2,F#2,B3,D#3,B4
N   |   |   |   |   |   |   O   |   |   |   |   |
N   |   |   |   O   |   |   |   |   |   |   |   |
N   |   |   |   O   |   |   |   |   |   |   |   |
N   |   |   |   O   |   |   |   |   |   |   |   |
N   |   |   |   |   |   O   |   |   |   |   |   |
N   |   |   |   |   |   |   O   |   |   |   |   |
            -       -       -       -           -

B2-18  3:4:6:8  1.75  F#1,B2,F#2,B3
X   |   |   |   |   |   |   |   |   |   |   |   |
X   |   |   |   |   |   |   |   |   |   |   |   |
N   |   |   |   O   |   |   |   |   |   |   |   |
N   |   |   |   O   |   |   |   |   |   |   |   |
N   |   O   |   |   |   |   |   |   |   |   |   |
N   |   O   |   |   |   |   |   |   |   |   |   |
            -       -       -       -           -

B2-19  4:5:6:8:10  1.683  B2,D#2,F#2,B3,D#3
X   |   |   |   |   |   |   |   |   |   |   |   |
N   |   |   |   O   |   |   |   |   |   |   |   |
N   |   |   |   O   |   |   |   |   |   |   |   |
N   |   |   |   O   |   |   |   |   |   |   |   |
N   |   |   |   |   |   O   |   |   |   |   |   |
N   |   |   |   |   |   |   O   |   |   |   |   |
            -       -       -       -           -

B2-20  4:5:6:8:12  1.65  B2,D#2,F#2,B3,F#3
X   |   |   |   |   |   |   |   |   |   |   |   |
N   |   |   |   |   |   |   O   |   |   |   |   |
N   |   |   |   O   |   |   |   |   |   |   |   |
N   |   |   |   O   |   |   |   |   |   |   |   |
N   |   |   |   |   |   O   |   |   |   |   |   |
N   |   |   |   |   |   |   O   |   |   |   |   |
            -       -       -       -           -

B2-21a  4:5:8:10:8  1.6  B2,D#2,B3,D#3,B3
X   |   |   |   |   |   |   |   |   |   |   |   |
O   |   |   |   |   |   |   |   |   |   |   |   |
N   |   |   |   |   |   |   |   O   |   |   |   |
N   |   |   |   |   |   |   |   |   O   |   |   |
N   |   |   |   |   |   O   |   |   |   |   |   |
N   |   |   |   |   |   |   O   |   |   |   |   |
            -       -       -       -           -
```

```
B2-21b  4:5:8:10:12  1.517  B2,D#2,B3,D#3,F#3
X   |   |   |   |   |   |   |   |   |   |   |   |
N   |   |   |   |   |   |   O   |   |   |   |   |
N   |   |   |   |   |   |   |   O   |   |   |   |
N   |   |   |   |   |   |   |   |   O   |   |   |
N   |   |   |   |   |   O   |   |   |   |   |   |
N   |   |   |   |   |   |   O   |   |   |   |   |
            -       -       -       -           -

B2-22  4:5:6:8  1.483  B2,D#2,F#2,B3
X   |   |   |   |   |   |   |   |   |   |   |   |
X   |   |   |   |   |   |   |   |   |   |   |   |
N   |   |   |   O   |   |   |   |   |   |   |   |
N   |   |   |   O   |   |   |   |   |   |   |   |
N   |   |   |   |   |   O   |   |   |   |   |   |
N   |   |   |   |   |   |   O   |   |   |   |   |
            -       -       -       -           -

B2-23  4:5:8:8  1.4  B2,D#2,B3,B3
X   |   |   |   |   |   |   |   |   |   |   |   |
O   |   |   |   |   |   |   |   |   |   |   |   |
N   |   |   |   O   |   |   |   |   |   |   |   |
N   O   |   |   |   |   |   |   |   |   |   |   |
N   |   O   |   |   |   |   |   |   |   |   |   |
X   |   |   |   |   |   |   |   |   |   |   |   |
            -       -       -       -           -

B2-24  4:5:8:10  1.35  B2,D#2,B3,D#3
X   |   |   |   |   |   |   |   |   |   |   |   |
X   |   |   |   |   |   |   |   |   |   |   |   |
N   |   |   |   |   |   |   |   O   |   |   |   |
N   |   |   |   |   |   |   |   |   O   |   |   |
N   |   |   |   |   |   O   |   |   |   |   |   |
N   |   |   |   |   |   |   O   |   |   |   |   |
            -       -       -       -           -

B2-25  4:5:8:10  1.35  B2,D#2,B3,D#3
X   |   |   |   |   |   |   |   |   |   |   |   |
N   |   |   |   O   |   |   |   |   |   |   |   |
N   |   |   |   O   |   |   |   |   |   |   |   |
N   O   |   |   |   |   |   |   |   |   |   |   |
N   |   O   |   |   |   |   |   |   |   |   |   |
X   |   |   |   |   |   |   |   |   |   |   |   |
            -       -       -       -           -
```

```
C2-97  4:5:8:10  1.35  C2,E2,C3,E3
X  |  |  |  |  |  |  |  |  |  |  |  |
X  |  |  |  |  |  |  |  |  |  |  |  |
N  |  |  |  |  |  |  |  |  O  |  |  |
N  |  |  |  |  |  |  |  |  |  O  |  |
N  |  |  |  |  |  |  O  |  |  |  |  |
N  |  |  |  |  |  |  |  O  |  |  |  |
         -     -     -     -        -

C2-112  4:5:8  1.15  C2,E2,C3
X  |  |  |  |  |  |  |  |  |  |  |  |
X  |  |  |  |  |  |  |  |  |  |  |  |
X  |  |  |  |  |  |  |  |  |  |  |  |
N  |  |  |  |  |  |  |  |  |  O  |  |
N  |  |  |  |  |  |  O  |  |  |  |  |
N  |  |  |  |  |  |  |  O  |  |  |  |
         -     -     -     -        -

C2-128  5:8:10:16  0.975   E1,C2,E2,C3
X  |  |  |  |  |  |  |  |  |  |  |  |
X  |  |  |  |  |  |  |  |  |  |  |  |
N  |  |  |  |  O  |  |  |  |  |  |  |
N  |  O  |  |  |  |  |  |  |  |  |  |
N  |  |  O  |  |  |  |  |  |  |  |  |
O  |  |  |  |  |  |  |  |  |  |  |  |
         -     -     -     -        -

E2-1  2:3:4:3:4  3.333  E2,B3,E3,B3,E3
O  |  |  |  |  |  |  |  |  |  |  |  |
O  |  |  |  |  |  |  |  |  |  |  |  |
N  |  |  |  |  |  |  |  |  O  |  |  |
N  |  |  |  |  |  |  |  |  O  |  |  |
N  |  |  |  |  |  |  O  |  |  |  |  |
X  |  |  |  |  |  |  |  |  |  |  |  |
         -     -     -     -        -

E2-2  2:3:4:3:6  3.167  E2,B3,E3,B3,B4
N  |  |  |  |  |  |  O  |  |  |  |  |
O  |  |  |  |  |  |  |  |  |  |  |  |
N  |  |  |  |  |  |  |  |  O  |  |  |
N  |  |  |  |  |  |  |  |  O  |  |  |
N  |  |  |  |  |  |  O  |  |  |  |  |
X  |  |  |  |  |  |  |  |  |  |  |  |
         -     -     -     -        -
```

E2-3 2:3:4:5:4 3.067 E2,B3,E3,G#3,E3

```
O   |   |   |   |   |   |   |   |   |   |   |   |
N   |   |   |   |   |   |   |   |   O   |   |   |
N   |   |   |   |   |   |   |   |   O   |   |   |
N   |   |   |   |   |   |   |   |   O   |   |   |
N   |   |   |   |   |   |   O   |   |   |   |   |
X   |   |   |   |   |   |   |   |   |   |   |   |
            -       -       -       -           -
```

E2-4 2:3:4:5:6 2.9 E2,B3,E3,G#3,B4

```
N   |   |   |   |   |   |   O   |   |   |   |   |
N   |   |   |   |   |   |   |   |   O   |   |   |
N   |   |   |   |   |   |   |   |   O   |   |   |
N   |   |   |   |   |   |   |   |   O   |   |   |
N   |   |   |   |   |   |   O   |   |   |   |   |
X   |   |   |   |   |   |   |   |   |   |   |   |
            -       -       -       -           -
```

E2-5 2:3:3:4 2.833 E2,B3,B3,E3

```
O   |   |   |   |   |   |   |   |   |   |   |   |
O   |   |   |   |   |   |   |   |   |   |   |   |
N   |   |   |   O   |   |   |   |   |   |   |   |
N   |   O   |   |   |   |   |   |   |   |   |   |
X   |   |   |   |   |   |   |   |   |   |   |   |
X   |   |   |   |   |   |   |   |   |   |   |   |
            -       -       -       -           -
```

E2-6 2:3:4:3 2.833 E2,B3,E3,B3

```
X   |   |   |   |   |   |   |   |   |   |   |   |
O   |   |   |   |   |   |   |   |   |   |   |   |
N   |   |   |   |   |   |   |   |   O   |   |   |
N   |   |   |   |   |   |   |   |   O   |   |   |
N   |   |   |   |   |   |   O   |   |   |   |   |
X   |   |   |   |   |   |   |   |   |   |   |   |
            -       -       -       -           -
```

E2-7 2:3:3:5 2.733 E2,B3,B3,G#3

```
N   |   |   |   O   |   |   |   |   |   |   |   |
O   |   |   |   |   |   |   |   |   |   |   |   |
N   |   |   |   O   |   |   |   |   |   |   |   |
N   |   O   |   |   |   |   |   |   |   |   |   |
X   |   |   |   |   |   |   |   |   |   |   |   |
X   |   |   |   |   |   |   |   |   |   |   |   |
            -       -       -       -           -
```

```
E2-8   2:3:4:4   2.667   E2,B3,E3,E3
O   |   |   |   |   |   |   |   |   |   |   |   |
N   |   |   |   |   O   |   |   |   |   |   |   |
N   |   |   |   O   |   |   |   |   |   |   |   |
N   |   O   |   |   |   |   |   |   |   |   |   |
X   |   |   |   |   |   |   |   |   |   |   |   |
X   |   |   |   |   |   |   |   |   |   |   |   |
            -       -       -       -           -

E2-9   2:3:4:5   2.567   E2,B3,E3,G#3
X   |   |   |   |   |   |   |   |   |   |   |   |
N   |   |   |   |   |   |   |   |   O   |   |   |
N   |   |   |   |   |   |   |   |   O   |   |   |
N   |   |   |   |   |   |   |   |   O   |   |   |
N   |   |   |   |   |   |   O   |   |   |   |   |
X   |   |   |   |   |   |   |   |   |   |   |   |
            -       -       -       -           -

E2-10   2:3:4:5   2.567   E2,B3,E3,G#3
N   |   |   |   O   |   |   |   |   |   |   |   |
N   |   |   |   |   O   |   |   |   |   |   |   |
N   |   |   |   O   |   |   |   |   |   |   |   |
N   |   O   |   |   |   |   |   |   |   |   |   |
X   |   |   |   |   |   |   |   |   |   |   |   |
X   |   |   |   |   |   |   |   |   |   |   |   |
            -       -       -       -           -

E2-11   3:4:5:6:6:8   2.483   B2,E2,G#2,B3,B3,E3
O   |   |   |   |   |   |   |   |   |   |   |   |
O   |   |   |   |   |   |   |   |   |   |   |   |
N   |   |   |   O   |   |   |   |   |   |   |   |
N   |   |   |   |   |   O   |   |   |   |   |   |
N   |   |   |   |   |   |   O   |   |   |   |   |
N   |   |   |   |   |   |   O   |   |   |   |   |
            -       -       -       -           -

E2-12   3:4:5:8:6:8   2.4   B2,E2,G#2,E3,B3,E3
O   |   |   |   |   |   |   |   |   |   |   |   |
O   |   |   |   |   |   |   |   |   |   |   |   |
N   |   |   |   |   |   |   |   |   O   |   |   |
N   |   |   |   |   |   O   |   |   |   |   |   |
N   |   |   |   |   |   |   O   |   |   |   |   |
N   |   |   |   |   |   |   O   |   |   |   |   |
            -       -       -       -           -
```

```
E2-13  3:4:6:8:6:8  2.333  B2,E2,B3,E3,B3,E3
O   |   |   |   |   |   |   |   |   |   |   |   |
O   |   |   |   |   |   |   |   |   |   |   |   |
N   |   |   |   |   |   |   |   |   O   |   |   |
N   |   |   |   |   |   |   |   |   O   |   |   |
N   |   |   |   |   |   |   O   |   |   |   |   |
N   |   |   |   |   |   |   O   |   |   |   |   |
            -       -       -       -           -

E2-14  3:4:6:8:6:12  2.25  B2,E2,B3,E3,B3,B4
N   |   |   |   |   |   |   O   |   |   |   |   |
O   |   |   |   |   |   |   |   |   |   |   |   |
N   |   |   |   |   |   |   |   |   O   |   |   |
N   |   |   |   |   |   |   |   |   O   |   |   |
N   |   |   |   |   |   |   O   |   |   |   |   |
N   |   |   |   |   |   |   O   |   |   |   |   |
            -       -       -       -           -

E2-15  3:4:6:8:9:8  2.222  B2,E2,B3,E3,F#3,E3
O   |   |   |   |   |   |   |   |   |   |   |   |
N   |   |   |   |   |   |   O   |   |   |   |   |
N   |   |   |   |   |   |   |   |   O   |   |   |
N   |   |   |   |   |   |   |   |   O   |   |   |
N   |   |   |   |   |   |   O   |   |   |   |   |
N   |   |   |   |   |   |   O   |   |   |   |   |
            -       -       -       -           -

E2-16  3:4:6:8:10:8  2.2  B2,E2,B3,E3,G#3,E3
O   |   |   |   |   |   |   |   |   |   |   |   |
N   |   |   |   |   |   |   |   |   O   |   |   |
N   |   |   |   |   |   |   |   |   O   |   |   |
N   |   |   |   |   |   |   |   |   O   |   |   |
N   |   |   |   |   |   |   O   |   |   |   |   |
N   |   |   |   |   |   |   O   |   |   |   |   |
            -       -       -       -           -

E2-17  2:3:4  2.167  E2,B3,E3
X   |   |   |   |   |   |   |   |   |   |   |   |
N   |   |   |   |   O   |   |   |   |   |   |   |
N   |   |   |   O   |   |   |   |   |   |   |   |
N   |   O   |   |   |   |   |   |   |   |   |   |
X   |   |   |   |   |   |   |   |   |   |   |   |
X   |   |   |   |   |   |   |   |   |   |   |   |
            -       -       -       -           -
```

```
E2-18  3:4:5:6:8  2.15  B2,E2,G#2,B3,E3
O   |   |   |   |   |   |   |   |   |   |   |   |
O   |   |   |   |   |   |   |   |   |   |   |   |
N   O   |   |   |   |   |   |   |   |   |   |   |
N   |   O   |   |   |   |   |   |   |   |   |   |
N   |   O   |   |   |   |   |   |   |   |   |   |
X   |   |   |   |   |   |   |   |   |   |   |   |
            -       -       -       -           -

E2-19  3:4:5:8:6  2.15  B2,E2,G#2,E3,B3
X   |   |   |   |   |   |   |   |   |   |   |   |
O   |   |   |   |   |   |   |   |   |   |   |   |
N   |   |   |   |   |   |   |   |   O   |   |   |
N   |   |   |   |   |   O   |   |   |   |   |   |
N   |   |   |   |   |   |   O   |   |   |   |   |
N   |   |   |   |   |   |   O   |   |   |   |   |
            -       -       -       -           -

E2-20  3:4:6:8:9:12  2.139  B2,E2,B3,E3,F#3,B4
N   |   |   |   |   |   |   O   |   |   |   |   |
N   |   |   |   |   |   |   O   |   |   |   |   |
N   |   |   |   |   |   |   |   |   O   |   |   |
N   |   |   |   |   |   |   |   |   O   |   |   |
N   |   |   |   |   |   |   O   |   |   |   |   |
N   |   |   |   |   |   |   O   |   |   |   |   |
            -       -       -       -           -

E2-21  3:4:5:6:9  2.122  B2,E2,G#2,B3,F#3
N   |   O   |   |   |   |   |   |   |   |   |   |
O   |   |   |   |   |   |   |   |   |   |   |   |
N   O   |   |   |   |   |   |   |   |   |   |   |
N   |   O   |   |   |   |   |   |   |   |   |   |
N   |   O   |   |   |   |   |   |   |   |   |   |
X   |   |   |   |   |   |   |   |   |   |   |   |
            -       -       -       -           -

E2-22  3:4:6:8:10:12  2.117  B2,E2,B3,E3,G#3,B4
N   |   |   |   |   |   |   O   |   |   |   |   |
N   |   |   |   |   |   |   |   |   O   |   |   |
N   |   |   |   |   |   |   |   |   O   |   |   |
N   |   |   |   |   |   |   |   |   O   |   |   |
N   |   |   |   |   |   |   O   |   |   |   |   |
N   |   |   |   |   |   |   O   |   |   |   |   |
            -       -       -       -           -
```

```
E2-23   3:4:6:6:8   2.083   B2,E2,B3,B3,E3
O   |   |   |   |   |   |   |   |   |   |   |   |
O   |   |   |   |   |   |   |   |   |   |   |   |
N   |   |   |   O   |   |   |   |   |   |   |   |
N   |   O   |   |   |   |   |   |   |   |   |   |
N   |   O   |   |   |   |   |   |   |   |   |   |
X   |   |   |   |   |   |   |   |   |   |   |   |
            -       -       -       -           -

E2-24   3:4:6:6:10   2.033   B2,E2,B3,B3,G#3
N   |   |   |   O   |   |   |   |   |   |   |   |
O   |   |   |   |   |   |   |   |   |   |   |   |
N   |   |   |   O   |   |   |   |   |   |   |   |
N   |   O   |   |   |   |   |   |   |   |   |   |
N   |   O   |   |   |   |   |   |   |   |   |   |
X   |   |   |   |   |   |   |   |   |   |   |   |
            -       -       -       -           -

E2-25   3:4:5:8:10   2.017   B2,E2,G#2,E3,G#3
X   |   |   |   |   |   |   |   |   |   |   |   |
N   |   |   |   |   |   |   |   |   O   |   |   |
N   |   |   |   |   |   |   |   |   O   |   |   |
N   |   |   |   |   |   O   |   |   |   |   |   |
N   |   |   |   |   |   |   O   |   |   |   |   |
N   |   |   |   |   |   |   O   |   |   |   |   |
            -       -       -       -           -

E2-26   3:4:6:8:8   2.0   B2,E2,B3,E3,E3
O   |   |   |   |   |   |   |   |   |   |   |   |
N   |   |   |   |   O   |   |   |   |   |   |   |
N   |   |   |   O   |   |   |   |   |   |   |   |
N   |   O   |   |   |   |   |   |   |   |   |   |
N   |   O   |   |   |   |   |   |   |   |   |   |
X   |   |   |   |   |   |   |   |   |   |   |   |
            -       -       -       -           -

E2-27   3:4:6:8:9   1.972   B2,E2,B3,E3,F#3
N   |   O   |   |   |   |   |   |   |   |   |   |
N   |   |   |   |   O   |   |   |   |   |   |   |
N   |   |   |   O   |   |   |   |   |   |   |   |
N   |   O   |   |   |   |   |   |   |   |   |   |
N   |   O   |   |   |   |   |   |   |   |   |   |
X   |   |   |   |   |   |   |   |   |   |   |   |
            -       -       -       -           -
```

```
E2-28  3:4:6:8:10  1.95  B2,E2,B3,E3,G#3
X   |   |   |   |   |   |   |   |   |   |   |   |
N   |   |   |   |   |   |   |   |   O   |   |   |
N   |   |   |   |   |   |   |   |   O   |   |   |
N   |   |   |   |   |   |   |   |   O   |   |   |
N   |   |   |   |   |   |   O   |   |   |   |   |
N   |   |   |   |   |   |   O   |   |   |   |   |
            -       -       -       -           -

E2-29  3:4:6:8:10  1.95  B2,E2,B3,E3,G#3
N   |   |   |   O   |   |   |   |   |   |   |   |
N   |   |   |   |   O   |   |   |   |   |   |   |
N   |   |   |   O   |   |   |   |   |   |   |   |
N   |   O   |   |   |   |   |   |   |   |   |   |
N   |   O   |   |   |   |   |   |   |   |   |   |
X   |   |   |   |   |   |   |   |   |   |   |   |
            -       -       -       -           -

E2-30  3:4:5:6  1.9p  B2,E2,G#2,B3
X   |   |   |   |   |   |   |   |   |   |   |   |
X   |   |   |   |   |   |   |   |   |   |   |   |
N   |   |   |   O   |   |   |   |   |   |   |   |
N   |   |   |   |   |   O   |   |   |   |   |   |
N   |   |   |   |   |   |   O   |   |   |   |   |
N   |   |   |   |   |   |   O   |   |   |   |   |
            -       -       -       -           -

E2-31  4:5:6:6:8  1.817  E2,G#2,B3,B3,E3
O   |   |   |   |   |   |   |   |   |   |   |   |
O   |   |   |   |   |   |   |   |   |   |   |   |
N   |   |   |   O   |   |   |   |   |   |   |   |
N   |   |   |   |   |   O   |   |   |   |   |   |
N   |   |   |   |   |   |   O   |   |   |   |   |
X   |   |   |   |   |   |   |   |   |   |   |   |
            -       -       -       -           -

E2-32  3:4:6:8  1.75  B2,E2,B3,E3
X   |   |   |   |   |   |   |   |   |   |   |   |
N   |   |   |   |   O   |   |   |   |   |   |   |
N   |   |   |   O   |   |   |   |   |   |   |   |
N   |   O   |   |   |   |   |   |   |   |   |   |
N   |   O   |   |   |   |   |   |   |   |   |   |
X   |   |   |   |   |   |   |   |   |   |   |   |
            -       -       -       -           -
```

```
E2-33  4:5:6:8:8  1.733  E2,G#2,B3,E3,E3
O  | | | | | | | | | | | |
N  | | | | O | | | | | | |
N  | | | O | | | | | | | |
N  | | | | | O | | | | | |
N  | | | | | | O | | | | |
X  | | | | | | | | | | | |
       -   -   -   -     -
```

```
E2-34  4:5:8:6:8  1.733  E2,G#2,E3,B3,E3
O  | | | | | | | | | | | |
O  | | | | | | | | | | | |
N  | | | | | | | | O | | |
N  | | | | | O | | | | | |
N  | | | | | | O | | | | |
X  | | | | | | | | | | | |
       -   -   -   -     -
```

```
E2-35  4:5:6:6:12  1.733  E2,G#2,B3,B3,B4
N  | | | | | | O | | | | |
O  | | | | | | | | | | | |
N  | | | O | | | | | | | |
N  | | | | | O | | | | | |
N  | | | | | | O | | | | |
X  | | | | | | | | | | | |
       -   -   -   -     -
```

```
E2-36  4:5:6:9:8  1.706  E2,G#2,B3,F#3,E3
O  | | | | | | | | | | | |
N  | | | | | | O | | | | |
N  | | | O | | | | | | | |
N  | | | | | O | | | | | |
N  | | | | | | O | | | | |
X  | | | | | | | | | | | |
       -   -   -   -     -
```

```
E2-37  4:5:6:8:10  1.683  E2,G#2,B3,E3,G#3
N  | | | O | | | | | | | |
N  | | | | O | | | | | | |
N  | | | O | | | | | | | |
N  | | | | | O | | | | | |
N  | | | | | | O | | | | |
X  | | | | | | | | | | | |
       -   -   -   -     -
```

```
E2-38  4:5:6:9:10  1.656  E2,G#2,B3,F#3,G#3
N   |   |   |   O   |   |   |   |   |   |   |   |
N   |   |   |   |   |   |   O   |   |   |   |   |
N   |   |   |   O   |   |   |   |   |   |   |   |
N   |   |   |   |   |   O   |   |   |   |   |   |
N   |   |   |   |   |   |   O   |   |   |   |   |
X   |   |   |   |   |   |   |   |   |   |   |   |
            -       -       -       -           -

E2-39  4:5:8:9:8  1.622  E2,G#2,E3,F#3,E3
O   |   |   |   |   |   |   |   |   |   |   |   |
N   |   |   |   |   |   |   O   |   |   |   |   |
N   |   |   |   |   |   |   |   |   O   |   |   |
N   |   |   |   |   |   O   |   |   |   |   |   |
N   |   |   |   |   |   |   O   |   |   |   |   |
X   |   |   |   |   |   |   |   |   |   |   |   |
            -       -       -       -           -

E2-40  4:5:8:10:8  1.6  E2,G#2,E3,G#3,E3
O   |   |   |   |   |   |   |   |   |   |   |   |
N   |   |   |   |   |   |   |   |   O   |   |   |
N   |   |   |   |   |   |   |   |   O   |   |   |
N   |   |   |   |   |   O   |   |   |   |   |   |
N   |   |   |   |   |   |   O   |   |   |   |   |
X   |   |   |   |   |   |   |   |   |   |   |   |
            -       -       -       -           -

E2-41  4:6:8:9:8  1.556  E2,B3,E3,F#3,E3
O   |   |   |   |   |   |   |   |   |   |   |   |
N   |   |   |   |   |   |   O   |   |   |   |   |
N   |   |   |   |   |   |   |   |   O   |   |   |
N   |   |   |   |   |   |   |   |   O   |   |   |
N   |   |   |   |   |   |   O   |   |   |   |   |
X   |   |   |   |   |   |   |   |   |   |   |   |
            -       -       -       -           -

E2-42  4:5:6:8  1.483  E2,G#2,B3,E3
X   |   |   |   |   |   |   |   |   |   |   |   |
X   |   |   |   |   |   |   |   |   |   |   |   |
N   |   |   |   |   |   |   |   |   O   |   |   |
N   |   |   |   |   |   |   |   |   O   |   |   |
N   |   |   |   |   |   |   |   |   |   |   O   |
N   |   |   |   |   |   |   |   |   |   |   |   O
            -       -       -       -           -
```

```
E2-43  4:5:6:9  1.456  E2,G#2,B3,F#3
X  |   |   |   |   |   |   |   |   |   |   |   |
N  |   |   |   |   |   |   O   |   |   |   |   |
N  |   |   |   O   |   |   |   |   |   |   |   |
N  |   |   |   |   |   O   |   |   |   |   |   |
N  |   |   |   |   |   |   O   |   |   |   |   |
X  |   |   |   |   |   |   |   |   |   |   |   |
           -       -       -       -           -
```

```
E2-44  5:6:8:12:12:16  1.442  G#1,B2,E2,B3,B3,E3
O  |   |   |   |   |   |   |   |   |   |   |   |
O  |   |   |   |   |   |   |   |   |   |   |   |
N  |   |   |   O   |   |   |   |   |   |   |   |
N  |   O   |   |   |   |   |   |   |   |   |   |
N  |   O   |   |   |   |   |   |   |   |   |   |
N  |   |   |   O   |   |   |   |   |   |   |   |
           -       -       -       -           -
```

```
E2-45  4:5:6:10  1.433  E2,G#2,B3,G#3
N  |   |   |   O   |   |   |   |   |   |   |   |
O  |   |   |   |   |   |   |   |   |   |   |   |
N  O   |   |   |   |   |   |   |   |   |   |   |
N  |   O   |   |   |   |   |   |   |   |   |   |
X  |   |   |   |   |   |   |   |   |   |   |   |
X  |   |   |   |   |   |   |   |   |   |   |   |
           -       -       -       -           -
```

```
E2-46  4:6:6:9  1.389  E2,B3,B3,F#3
N  |   O   |   |   |   |   |   |   |   |   |   |
O  |   |   |   |   |   |   |   |   |   |   |   |
N  |   |   |   O   |   |   |   |   |   |   |   |
N  |   O   |   |   |   |   |   |   |   |   |   |
X  |   |   |   |   |   |   |   |   |   |   |   |
X  |   |   |   |   |   |   |   |   |   |   |   |
           -       -       -       -           -
```

```
E2-47  4:5:8:9  1.372  E2,G#2,E3,F#3
X  |   |   |   |   |   |   |   |   |   |   |   |
N  |   |   |   |   |   |   O   |   |   |   |   |
N  |   |   |   |   |   |   |   |   O   |   |   |
N  |   |   |   |   |   O   |   |   |   |   |   |
N  |   |   |   |   |   |   O   |   |   |   |   |
X  |   |   |   |   |   |   |   |   |   |   |   |
           -       -       -       -           -
```

```
E2-48  4:5:8:10  1.35  E2,G#2,E3,G#3
X   |   |   |   |   |   |   |   |   |   |   |   |
N   |   |   |   |   |   |   |   |   O   |   |   |
N   |   |   |   |   |   |   |   |   O   |   |   |
N   |   |   |   |   |   O   |   |   |   |   |   |
N   |   |   |   |   |   |   O   |   |   |   |   |
X   |   |   |   |   |   |   |   |   |   |   |   |
            _       _       _       _           _

E2-49  4:6:8:9  1.306  E2,B3,E3,F#3
N   |   O   |   |   |   |   |   |   |   |   |   |
N   |   |   |   |   O   |   |   |   |   |   |   |
N   |   |   |   O   |   |   |   |   |   |   |   |
N   |   O   |   |   |   |   |   |   |   |   |   |
X   |   |   |   |   |   |   |   |   |   |   |   |
X   |   |   |   |   |   |   |   |   |   |   |   |
            _       _       _       _           _

E2-50  5:8:10:12:16:20  1.242  G#1,E2,G#2,B3,E3,G#3
N   |   |   |   O   |   |   |   |   |   |   |   |
N   |   |   |   |   O   |   |   |   |   |   |   |
N   |   |   |   O   |   |   |   |   |   |   |   |
N   |   |   |   |   |   O   |   |   |   |   |   |
N   |   |   |   |   |   |   O   |   |   |   |   |
N   |   |   |   O   |   |   |   |   |   |   |   |
            _       _       _       _           _

E2-51  5:8:10:12:18:20  1.228  G#1,E2,G#2,B3,F#3,G#3
N   |   |   |   O   |   |   |   |   |   |   |   |
N   |   |   |   |   |   |   O   |   |   |   |   |
N   |   |   |   O   |   |   |   |   |   |   |   |
N   |   |   |   |   |   O   |   |   |   |   |   |
N   |   |   |   |   |   |   O   |   |   |   |   |
N   |   |   |   O   |   |   |   |   |   |   |   |
            _       _       _       _           _

E2-52  4:5:8  1.15  E2,G#2,E3,B3
X   |   |   |   |   |   |   |   |   |   |   |   |
X   |   |   |   |   |   |   |   |   |   |   |   |
N   |   |   |   |   |   |   |   |   O   |   |   |
N   |   |   |   |   |   O   |   |   |   |   |   |
N   |   |   |   |   |   |   O   |   |   |   |   |
X   |   |   |   |   |   |   |   |   |   |   |   |
            _       _       _       _           _
```

```
E2-53  5:6:8:12  1.15  G#1,B2,E2,B3
X   |   |   |   |   |   |   |   |   |   |   |   |
X   |   |   |   |   |   |   |   |   |   |   |   |
N   |   |   |   O   |   |   |   |   |   |   |   |
N   |   O   |   |   |   |   |   |   |   |   |   |
N   |   O   |   |   |   |   |   |   |   |   |   |
N   |   |   |   O   |   |   |   |   |   |   |   |
            -       -       -       -           -

E2-54  5:8:9:12:18  1.15  G#1,E2,F#2,B3,F#3
X   |   |   |   |   |   |   |   |   |   |   |   |
N   |   |   |   |   |   |   O   |   |   |   |   |
N   |   |   |   O   |   |   |   |   |   |   |   |
N   |   |   |   O   |   |   |   |   |   |   |   |
N   |   |   |   |   |   |   O   |   |   |   |   |
N   |   |   |   O   |   |   |   |   |   |   |   |
            -       -       -       -           -

E2-55  5:8:10:12:16  1.142  G#1,E2,G#2,B3,E3
X   |   |   |   |   |   |   |   |   |   |   |   |
N   |   |   |   |   O   |   |   |   |   |   |   |
N   |   |   |   O   |   |   |   |   |   |   |   |
N   |   |   |   |   |   O   |   |   |   |   |   |
N   |   |   |   |   |   |   O   |   |   |   |   |
N   |   |   |   O   |   |   |   |   |   |   |   |
            -       -       -       -           -

E2-56  5:8:10:12:18  1.128  G#1,E2,G#2,B3,F#3
X   |   |   |   |   |   |   |   |   |   |   |   |
N   |   |   |   |   |   |   O   |   |   |   |   |
N   |   |   |   O   |   |   |   |   |   |   |   |
N   |   |   |   |   |   O   |   |   |   |   |   |
N   |   |   |   |   |   |   O   |   |   |   |   |
N   |   |   |   O   |   |   |   |   |   |   |   |
            -       -       -       -           -

E2-57  5:8:9:12  1.039  G#1,E2,F#2,B3
X   |   |   |   |   |   |   |   |   |   |   |   |
X   |   |   |   |   |   |   |   |   |   |   |   |
N   |   |   |   O   |   |   |   |   |   |   |   |
N   |   |   |   O   |   |   |   |   |   |   |   |
N   |   |   |   |   |   |   O   |   |   |   |   |
N   |   |   |   O   |   |   |   |   |   |   |   |
            -       -       -       -           -
```

```
E2-58  5:8:10:12  1.017  G#1,E2,G#2,B3
X   |   |   |   |   |   |   |   |   |   |   |   |
X   |   |   |   |   |   |   |   |   |   |   |   |
N   |   |   |   O   |   |   |   |   |   |   |   |
N   |   |   |   |   |   O   |   |   |   |   |   |
N   |   |   |   |   |   |   O   |   |   |   |   |
N   |   |   |   O   |   |   |   |   |   |   |   |
            -       -       -       -           -

E2-59  6:8:9:12  0.972  B2,E2,F#2,B3
X   |   |   |   |   |   |   |   |   |   |   |   |
X   |   |   |   |   |   |   |   |   |   |   |   |
N   |   |   |   O   |   |   |   |   |   |   |   |
N   |   |   |   O   |   |   |   |   |   |   |   |
N   |   |   |   |   |   |   O   |   |   |   |   |
N   |   |   |   |   |   |   O   |   |   |   |   |
            -       -       -       -           -

E2-60  8:9:12:18  0.75  E2,F#2,B3,F#3
X   |   |   |   |   |   |   |   |   |   |   |   |
X   |   |   |   |   |   |   |   |   |   |   |   |
N   |   |   |   |   |   |   |   |   |   |   O   |
N   |   |   |   |   |   |   |   |   O   |   |   |
N   |   |   |   |   |   |   |   |   O   |   |   |
N   |   |   |   |   |   |   |   |   |   |   |   O
            -       -       -       -           -

E2-61  8:9:12:18  0.75  E2,F#2,B3,F#3
X   |   |   |   |   |   |   |   |   |   |   |   |
N   |   |   |   |   |   |   O   |   |   |   |   |
N   |   |   |   O   |   |   |   |   |   |   |   |
N   |   |   |   O   |   |   |   |   |   |   |   |
N   |   |   |   |   |   |   O   |   |   |   |   |
X   |   |   |   |   |   |   |   |   |   |   |   |
            -       -       -       -           -

F2-1  2:3:4:5:6  2.9  F2,C3,F3,A4,C4
N   |   |   |   |   |   |   |   O   |   |   |   |
N   |   |   |   |   |   |   |   |   |   O   |   |
N   |   |   |   |   |   |   |   |   |   O   |   |
N   |   |   |   |   |   |   |   |   |   O   |   |
N   |   |   |   |   |   |   |   O   |   |   |   |
X   |   |   |   |   |   |   |   |   |   |   |   |
            -       -       -       -           -
```

```
F2-2  2:3:4:5:7  2.852  F2,C3,F3,A4,D#4
N   |   |   |   |   |   |   |   |   |   |   O   |
N   |   |   |   |   |   |   |   |   |   O   |   |
N   |   |   |   |   |   |   |   |   |   O   |   |
N   |   |   |   |   |   |   |   |   |   O   |   |
N   |   |   |   |   |   |   |   O   |   |   |   |
X   |   |   |   |   |   |   |   |   |   |   |   |
            -       -       -       -           -

F2-3  2:3:4:5  2.567  F2,C3,F3,A4
X   |   |   |   |   |   |   |   |   |   |   |   |
N   |   |   |   |   |   |   |   |   |   O   |   |
N   |   |   |   |   |   |   |   |   |   O   |   |
N   |   |   |   |   |   |   |   |   |   O   |   |
N   |   |   |   |   |   |   |   O   |   |   |   |
X   |   |   |   |   |   |   |   |   |   |   |   |
            -       -       -       -           -

F2-4  2:3:4:5  2.567  F2,C3,F3,A4
N   |   |   |   |   O   |   |   |   |   |   |   |
N   |   |   |   |   |   O   |   |   |   |   |   |
N   |   |   |   |   O   |   |   |   |   |   |   |
N   |   |   O   |   |   |   |   |   |   |   |   |
X   |   |   |   |   |   |   |   |   |   |   |   |
X   |   |   |   |   |   |   |   |   |   |   |   |
            -       -       -       -           -

F2-6  2:3:4  2.167  F2,C3,F3
X   |   |   |   |   |   |   |   |   |   |   |   |
N   |   |   |   |   |   O   |   |   |   |   |   |
N   |   |   |   |   O   |   |   |   |   |   |   |
N   |   |   O   |   |   |   |   |   |   |   |   |
X   |   |   |   |   |   |   |   |   |   |   |   |
X   |   |   |   |   |   |   |   |   |   |   |   |
            -       -       -       -           -

F2-7  3:4:6:7:10:12  2.152  C2,F2,C3,D#3,A4,C4
N   |   |   |   |   |   |   |   O   |   |   |   |
N   |   |   |   |   |   |   |   |   |   O   |   |
N   |   |   |   |   |   |   |   O   |   |   |   |
N   |   |   |   |   |   |   |   |   |   O   |   |
N   |   |   |   |   |   |   |   O   |   |   |   |
N   |   |   |   |   |   |   |   O   |   |   |   |
            -       -       -       -           -
```

```
F2-8  3:4:5:6:8  2.15  C2,F2,A3,C3,F3
N   O   |   |   |   |   |   |   |   |   |   |   |
N   O   |   |   |   |   |   |   |   |   |   |   |
N   |   O   |   |   |   |   |   |   |   |   |   |
N   |   |   O   |   |   |   |   |   |   |   |   |
N   |   |   O   |   |   |   |   |   |   |   |   |
X   |   |   |   |   |   |   |   |   |   |   |   |
            -       -       -       -           -

F2-10  3:4:6:8:10:12  2.117  C2,F2,C3,F3,A4,C4
N   |   |   |   |   |   |   |   O   |   |   |   |
N   |   |   |   |   |   |   |   |   |   O   |   |
N   |   |   |   |   |   |   |   |   |   O   |   |
N   |   |   |   |   |   |   |   |   |   O   |   |
N   |   |   |   |   |   |   |   O   |   |   |   |
N   |   |   |   |   |   |   |   O   |   |   |   |
            -       -       -       -           -

F2-11  3:4:5:8:10  2.017  C2,F2,A3,F3,A4
X   |   |   |   |   |   |   |   |   |   |   |   |
N   |   |   |   |   |   |   |   |   |   O   |   |
N   |   |   |   |   |   |   |   |   |   O   |   |
N   |   |   |   |   |   |   O   |   |   |   |   |
N   |   |   |   |   |   |   |   O   |   |   |   |
N   |   |   |   |   |   |   |   O   |   |   |   |
            -       -       -       -           -

F2-14  3:4:6:7:10  1.986  C2,F2,C3,D#3,A4
X   |   |   |   |   |   |   |   |   |   |   |   |
N   |   |   |   |   |   |   |   |   |   O   |   |
N   |   |   |   |   |   |   |   O   |   |   |   |
N   |   |   |   |   |   |   |   |   |   O   |   |
N   |   |   |   |   |   |   |   O   |   |   |   |
N   |   |   |   |   |   |   |   O   |   |   |   |
            -       -       -       -           -

F2-15  3:4:6:7:10  1.985  C2,F2,C3,D#3,A4
N   |   |   |   |   O   |   |   |   |   |   |   |
N   |   |   |   O   |   |   |   |   |   |   |   |
N   |   |   |   |   O   |   |   |   |   |   |   |
N   |   |   O   |   |   |   |   |   |   |   |   |
N   |   |   O   |   |   |   |   |   |   |   |   |
X   |   |   |   |   |   |   |   |   |   |   |   |
            -       -       -       -           -
```

```
F2-18  3:4:6:8:10  1.95  C2,F2,C3,F3,A4
N  |  |  |  |  O  |  |  |  |  |  |  |
N  |  |  |  |  |  O  |  |  |  |  |  |
N  |  |  |  |  O  |  |  |  |  |  |  |
N  |  |  O  |  |  |  |  |  |  |  |  |
N  |  |  O  |  |  |  |  |  |  |  |  |
X  |  |  |  |  |  |  |  |  |  |  |  |
         -     -     -     -        -
```

```
F2-19  3:4:6:8:10  1.95  C2,F2,C3,F3,A4
X  |  |  |  |  |  |  |  |  |  |  |  |
N  |  |  |  |  |  |  |  |  |  O  |  |
N  |  |  |  |  |  |  |  |  |  O  |  |
N  |  |  |  |  |  |  |  |  |  O  |  |
N  |  |  |  |  |  |  |  O  |  |  |  |
N  |  |  |  |  |  |  |  O  |  |  |  |
         -     -     -     -        -
```

```
F2-20  3:4:5:6  1.9  C2,F2,A3,C3
X  |  |  |  |  |  |  |  |  |  |  |  |
X  |  |  |  |  |  |  |  |  |  |  |  |
N  |  |  |  |  O  |  |  |  |  |  |  |
N  |  |  |  |  |  |  O  |  |  |  |  |
N  |  |  |  |  |  |  |  O  |  |  |  |
N  |  |  |  |  |  |  |  O  |  |  |  |
         -     -     -     -        -
```

```
F2-21  3:4:5:6  1.9  C2,F2,A3,C3
X  |  |  |  |  |  |  |  |  |  |  |  |
N  O  |  |  |  |  |  |  |  |  |  |  |
N  |  O  |  |  |  |  |  |  |  |  |  |
N  |  |  O  |  |  |  |  |  |  |  |  |
N  |  |  O  |  |  |  |  |  |  |  |  |
X  |  |  |  |  |  |  |  |  |  |  |  |
         -     -     -     -        -
```

```
F2-22  3:4:5:7  1.852  C2,F2,A3,D#3
X  |  |  |  |  |  |  |  |  |  |  |  |
X  |  |  |  |  |  |  |  |  |  |  |  |
N  |  |  |  |  |  |  |  O  |  |  |  |
N  |  |  |  |  |  |  O  |  |  |  |  |
N  |  |  |  |  |  |  |  O  |  |  |  |
N  |  |  |  |  |  |  |  O  |  |  |  |
         -     -     -     -        -
```

```
F2-23   3:4:5:7   1.852   C2,F2,A3,D#3
X   |   |   |   |   |   |   |   |   |   |   |   |
N   |   |   |   O   |   |   |   |   |   |   |   |
N   |   O   |   |   |   |   |   |   |   |   |   |
N   |   |   O   |   |   |   |   |   |   |   |   |
N   |   |   O   |   |   |   |   |   |   |   |   |
X   |   |   |   |   |   |   |   |   |   |   |   |
            -       -       -       -           -

F2-24   3:4:5:8   1.817   C2,F2,A3,F3
X   |   |   |   |   |   |   |   |   |   |   |   |
X   |   |   |   |   |   |   |   |   |   |   |   |
N   |   |   |   |   |   |   |   |   |   O   |   |
N   |   |   |   |   |   |   O   |   |   |   |   |
N   |   |   |   |   |   |   |   O   |   |   |   |
N   |   |   |   |   |   |   |   O   |   |   |   |
            -       -       -       -           -

F2-25   3:4:6:7   1.786   C2,F2,C3,D#3
X   |   |   |   |   |   |   |   |   |   |   |   |
X   |   |   |   |   |   |   |   |   |   |   |   |
N   |   |   |   |   |   |   |   O   |   |   |   |
N   |   |   |   |   |   |   |   |   |   O   |   |
N   |   |   |   |   |   |   |   O   |   |   |   |
N   |   |   |   |   |   |   |   O   |   |   |   |
            -       -       -       -           -

F2-26   3:4:6:7   1.786   C2,F2,C3,D#3
X   |   |   |   |   |   |   |   |   |   |   |   |
N   |   |   |   O   |   |   |   |   |   |   |   |
N   |   |   |   |   O   |   |   |   |   |   |   |
N   |   |   O   |   |   |   |   |   |   |   |   |
N   |   |   O   |   |   |   |   |   |   |   |   |
X   |   |   |   |   |   |   |   |   |   |   |   |
            -       -       -       -           -

F2-27   3:4:6:8   1.75   C2,F2,C3,F3
X   |   |   |   |   |   |   |   |   |   |   |   |
X   |   |   |   |   |   |   |   |   |   |   |   |
N   |   |   |   |   |   |   |   |   |   O   |   |
N   |   |   |   |   |   |   |   |   |   O   |   |
N   |   |   |   |   |   |   |   O   |   |   |   |
N   |   |   |   |   |   |   |   O   |   |   |   |
            -       -       -       -           -
```

```
F2-28  3:4:6:8  1.75  C2,F2,C3,F3
X   |   |   |   |   |   |   |   |   |   |   |   |
N   |   |   |   |   |   O   |   |   |   |   |   |
N   |   |   |   |   O   |   |   |   |   |   |   |
N   |   |   O   |   |   |   |   |   |   |   |   |
N   |   |   O   |   |   |   |   |   |   |   |   |
X   |   |   |   |   |   |   |   |   |   |   |   |
            -       -       -       -           -

F2-29  4:5:6:8:10  1.683  F2,A3,C3,F3,A4
N   |   |   |   |   O   |   |   |   |   |   |   |
N   |   |   |   |   |   O   |   |   |   |   |   |
N   |   |   |   |   O   |   |   |   |   |   |   |
N   |   |   |   |   |   |   O   |   |   |   |   |
N   |   |   |   |   |   |   |   O   |   |   |   |
X   |   |   |   |   |   |   |   |   |   |   |   |
            -       -       -       -           -

F2-35  4:6:7:10:12  1.486  F2,C3,D#3,A4,C4
N   |   |   |   |   |   |   |   O   |   |   |   |
N   |   |   |   |   |   |   |   |   |   O   |   |
N   |   |   |   |   |   |   |   O   |   |   |   |
N   |   |   |   |   |   |   |   |   |   O   |   |
N   |   |   |   |   |   |   |   O   |   |   |   |
X   |   |   |   |   |   |   |   |   |   |   |   |
            -       -       -       -           -

F2-36  4:5:6:8  1.483  F2,A3,C3,F3
X   |   |   |   |   |   |   |   |   |   |   |   |
N   |   |   |   |   |   O   |   |   |   |   |   |
N   |   |   |   |   O   |   |   |   |   |   |   |
N   |   |   |   |   |   |   O   |   |   |   |   |
N   |   |   |   |   |   |   |   O   |   |   |   |
X   |   |   |   |   |   |   |   |   |   |   |   |
            -       -       -       -           -

F2-37  4:5:6:8  1.483  F2,A3,C3,F3
N   O   |   |   |   |   |   |   |   |   |   |   |
N   O   |   |   |   |   |   |   |   |   |   |   |
N   |   O   |   |   |   |   |   |   |   |   |   |
N   |   |   O   |   |   |   |   |   |   |   |   |
X   |   |   |   |   |   |   |   |   |   |   |   |
X   |   |   |   |   |   |   |   |   |   |   |   |
            -       -       -       -           -
```

```
F2-39   4:6:7:10:14   1.462   F2,C3,D#3,A4,D#4
N   | | | | | | | | | | O |
N   | | | | | | | | | O | |
N   | | | | | | | O | | | |
N   | | | | | | | | | O | |
N   | | | | | | | O | | | |
X   | | | | | | | | | | | |
        -   -   -   -     -
```

```
F2-42   4:5:7:8   1.436   F2,A3,D#3,F3
X   | | | | | | | | | | | |
N   | | | | | O | | | | | |
N   | | | | | | | O | | | |
N   | | | | | | O | | | | |
N   | | | | | | | O | | | |
X   | | | | | | | | | | | |
        -   -   -   -     -
```

```
F2-43   4:5:7:8   1.436   F2,A3,D#3,F3
N   O | | | | | | | | | | |
N   | | | O | | | | | | | |
N   | O | | | | | | | | | |
N   | | O | | | | | | | | |
X   | | | | | | | | | | | |
X   | | | | | | | | | | | |
        -   -   -   -     -
```

```
F2-46   4:5:7:10   1.386   F2,A3,D#3,A4
N   | | | | O | | | | | | |
N   | | | O | | | | | | | |
N   | O | | | | | | | | | |
N   | | O | | | | | | | | |
X   | | | | | | | | | | | |
X   | | | | | | | | | | | |
        -   -   -   -     -
```

```
F2-47   4:5:7:10   1.386   F2,A3,D#3,A4
X   | | | | | | | | | | | |
N   | | | | | | | | | O | |
N   | | | | | | | O | | | |
N   | | | | | | O | | | | |
N   | | | | | | | O | | | |
X   | | | | | | | | | | | |
        -   -   -   -     -
```

```
F2-50  5:5:8:12:14  1.36  A2,A2,F2,C3,D#3
X   |   |   |   |   |   |   |   |   |   |   |   |
N   |   |   |   O   |   |   |   |   |   |   |   |
N   |   |   |   |   O   |   |   |   |   |   |   |
N   |   |   O   |   |   |   |   |   |   |   |   |
O   |   |   |   |   |   |   |   |   |   |   |   |
N   |   |   |   |   O   |   |   |   |   |   |   |
            -       -       -       -           -

F2-51  4:5:8:10  1.35  F2,A3,F3,A4
X   |   |   |   |   |   |   |   |   |   |   |   |
N   |   |   |   |   |   |   |   |   |   O   |   |
N   |   |   |   |   |   |   |   |   |   O   |   |
N   |   |   |   |   |   |   O   |   |   |   |   |
N   |   |   |   |   |   |   |   O   |   |   |   |
X   |   |   |   |   |   |   |   |   |   |   |   |
            -       -       -       -           -

F2-52  5:5:8:12:16  1.342  A2,A2,F2,C3,F3
X   |   |   |   |   |   |   |   |   |   |   |   |
N   |   |   |   |   |   O   |   |   |   |   |   |
N   |   |   |   |   O   |   |   |   |   |   |   |
N   |   |   O   |   |   |   |   |   |   |   |   |
O   |   |   |   |   |   |   |   |   |   |   |   |
N   |   |   |   |   O   |   |   |   |   |   |   |
            -       -       -       -           -

F2-55  4:6:7:10  1.319  F2,C3,D#3,A4
N   |   |   |   |   O   |   |   |   |   |   |   |
N   |   |   |   O   |   |   |   |   |   |   |   |
N   |   |   |   |   O   |   |   |   |   |   |   |
N   |   |   O   |   |   |   |   |   |   |   |   |
X   |   |   |   |   |   |   |   |   |   |   |   |
X   |   |   |   |   |   |   |   |   |   |   |   |
            -       -       -       -           -

F2-56  4:6:7:10  1.319  F2,C3,D#3,A4
X   |   |   |   |   |   |   |   |   |   |   |   |
N   |   |   |   |   |   |   |   |   |   O   |   |
N   |   |   |   |   |   |   |   O   |   |   |   |
N   |   |   |   |   |   |   |   |   |   O   |   |
N   |   |   |   |   |   |   |   O   |   |   |   |
X   |   |   |   |   |   |   |   |   |   |   |   |
            -       -       -       -           -
```

```
F2-59  5:6:8:12:14  1.293  A2,C2,F2,C3,D#3
X   |   |   |   |   |   |   |   |   |   |   |   |
N   |   |   |   O   |   |   |   |   |   |   |   |
N   |   |   |   |   O   |   |   |   |   |   |   |
N   |   |   O   |   |   |   |   |   |   |   |   |
N   |   |   O   |   |   |   |   |   |   |   |   |
N   |   |   |   |   O   |   |   |   |   |   |   |
            -       -       -       -           -

F2-60  5:6:8:12:16  1.275  A2,C2,F2,C3,F3
X   |   |   |   |   |   |   |   |   |   |   |   |
N   |   |   |   |   |   O   |   |   |   |   |   |
N   |   |   |   |   O   |   |   |   |   |   |   |
N   |   |   O   |   |   |   |   |   |   |   |   |
N   |   |   O   |   |   |   |   |   |   |   |   |
N   |   |   |   |   O   |   |   |   |   |   |   |
            -       -       -       -           -

F2-62  5:8:10:12:16:20  1.242  A2,F2,A3,C3,F3,A4
N   |   |   |   |   O   |   |   |   |   |   |   |
N   |   |   |   |   |   O   |   |   |   |   |   |
N   |   |   |   |   O   |   |   |   |   |   |   |
N   |   |   |   |   |   |   O   |   |   |   |   |
N   |   |   |   |   |   |   |   O   |   |   |   |
N   |   |   |   |   O   |   |   |   |   |   |   |
            -       -       -       -           -

F2-64  5:5:8:12  1.217  A2,A2,F2,C3
X   |   |   |   |   |   |   |   |   |   |   |   |
X   |   |   |   |   |   |   |   |   |   |   |   |
N   |   |   |   |   O   |   |   |   |   |   |   |
N   |   |   O   |   |   |   |   |   |   |   |   |
O   |   |   |   |   |   |   |   |   |   |   |   |
N   |   |   |   |   O   |   |   |   |   |   |   |
            -       -       -       -           -

F2-68  5:6:8:12  1.15  A2,C2,F2,C3
X   |   |   |   |   |   |   |   |   |   |   |   |
X   |   |   |   |   |   |   |   |   |   |   |   |
N   |   |   |   |   O   |   |   |   |   |   |   |
N   |   |   O   |   |   |   |   |   |   |   |   |
N   |   |   O   |   |   |   |   |   |   |   |   |
N   |   |   |   |   O   |   |   |   |   |   |   |
            -       -       -       -           -
```

```
F2-71  5:8:10:12:16  1.142  A2,F2,A3,C3,F3
N   O   |   |   |   |   |   |   |   |   |   |   |
N   O   |   |   |   |   |   |   |   |   |   |   |
N   |   O   |   |   |   |   |   |   |   |   |   |
N   |   |   O   |   |   |   |   |   |   |   |   |
O   |   |   |   |   |   |   |   |   |   |   |   |
X   |   |   |   |   |   |   |   |   |   |   |   |
            -       -       -       -           -

F2-72  5:8:10:12:16  1.142  A2,F2,A3,C3,F3
X   |   |   |   |   |   |   |   |   |   |   |   |
N   |   |   |   |   |   O   |   |   |   |   |   |
N   |   |   |   |   O   |   |   |   |   |   |   |
N   |   |   |   |   |   |   O   |   |   |   |   |
N   |   |   |   |   |   |   |   O   |   |   |   |
N   |   |   |   |   O   |   |   |   |   |   |   |
            -       -       -       -           -

F2-74  5:8:10:14:16  1.118  A2,F2,A3,D#3,F3
X   |   |   |   |   |   |   |   |   |   |   |   |
N   |   |   |   |   |   O   |   |   |   |   |   |
N   |   |   |   |   |   |   |   O   |   |   |   |
N   |   |   |   |   |   |   O   |   |   |   |   |
N   |   |   |   |   |   |   |   O   |   |   |   |
N   |   |   |   |   O   |   |   |   |   |   |   |
            -       -       -       -           -

F2-78  5:8:10:14:20  1.093  A2,F2,A3,D#3,A4
N   |   |   |   |   O   |   |   |   |   |   |   |
N   |   |   |   O   |   |   |   |   |   |   |   |
N   |   O   |   |   |   |   |   |   |   |   |   |
N   |   |   O   |   |   |   |   |   |   |   |   |
O   |   |   |   |   |   |   |   |   |   |   |   |
X   |   |   |   |   |   |   |   |   |   |   |   |
            -       -       -       -           -

F2-83  5:8:12:14:20  1.059  A2,F2,C3,D#3,A4
N   |   |   |   |   O   |   |   |   |   |   |   |
N   |   |   |   O   |   |   |   |   |   |   |   |
N   |   |   |   |   O   |   |   |   |   |   |   |
N   |   |   O   |   |   |   |   |   |   |   |   |
O   |   |   |   |   |   |   |   |   |   |   |   |
X   |   |   |   |   |   |   |   |   |   |   |   |
            -       -       -       -           -
```

```
F2-85  5:8:12:16:20  1.042  A2,F2,C3,F3,A4
N   |   |   |   |   O   |   |   |   |   |   |   |
N   |   |   |   |   |   O   |   |   |   |   |   |
N   |   |   |   |   O   |   |   |   |   |   |   |
N   |   |   O   |   |   |   |   |   |   |   |   |
O   |   |   |   |   |   |   |   |   |   |   |   |
X   |   |   |   |   |   |   |   |   |   |   |   |
            -       -       -       -           -

F2-88  5:8:10:12  1.017  A2,F2,A3,C3
X   |   |   |   |   |   |   |   |   |   |   |   |
N   O   |   |   |   |   |   |   |   |   |   |   |
N   |   O   |   |   |   |   |   |   |   |   |   |
N   |   |   O   |   |   |   |   |   |   |   |   |
O   |   |   |   |   |   |   |   |   |   |   |   |
X   |   |   |   |   |   |   |   |   |   |   |   |
            -       -       -       -           -

F2-89  5:8:10:12  1.017  A2,F2,A3,C3
X   |   |   |   |   |   |   |   |   |   |   |   |
X   |   |   |   |   |   |   |   |   |   |   |   |
N   |   |   |   |   O   |   |   |   |   |   |   |
N   |   |   |   |   |   |   O   |   |   |   |   |
N   |   |   |   |   |   |   |   O   |   |   |   |
N   |   |   |   |   O   |   |   |   |   |   |   |
            -       -       -       -           -

F2-91  5:8:10:14  0.993   A2,F2,A3,D#3
X   |   |   |   |   |   |   |   |   |   |   |   |
X   |   |   |   |   |   |   |   |   |   |   |   |
N   |   |   |   |   |   |   |   O   |   |   |   |
N   |   |   |   |   |   |   O   |   |   |   |   |
N   |   |   |   |   |   |   |   O   |   |   |   |
N   |   |   |   |   O   |   |   |   |   |   |   |
            -       -       -       -           -

F2-92  5:8:10:14  0.993   A2,F2,A3,D#3
X   |   |   |   |   |   |   |   |   |   |   |   |
N   |   |   |   O   |   |   |   |   |   |   |   |
N   |   O   |   |   |   |   |   |   |   |   |   |
N   |   |   O   |   |   |   |   |   |   |   |   |
O   |   |   |   |   |   |   |   |   |   |   |   |
X   |   |   |   |   |   |   |   |   |   |   |   |
            -       -       -       -           -
```

```
F2-96  5:8:12:14  0.96   A2,F2,C3,D#3
X   |   |   |   |   |   |   |   |   |   |   |   |
N   |   |   |   O   |   |   |   |   |   |   |   |
N   |   |   |   |   O   |   |   |   |   |   |   |
N   |   |   O   |   |   |   |   |   |   |   |   |
O   |   |   |   |   |   |   |   |   |   |   |   |
X   |   |   |   |   |   |   |   |   |   |   |   |
            -       -       -       -           -

F2-97  5:8:12:16  0.942   A2,F2,C3,F3
X   |   |   |   |   |   |   |   |   |   |   |   |
N   |   |   |   |   |   O   |   |   |   |   |   |
N   |   |   |   |   O   |   |   |   |   |   |   |
N   |   |   O   |   |   |   |   |   |   |   |   |
O   |   |   |   |   |   |   |   |   |   |   |   |
X   |   |   |   |   |   |   |   |   |   |   |   |
            -       -       -       -           -

F2-101  7:8:12:16  0.827  D#2,F2,C3,F3
X   |   |   |   |   |   |   |   |   |   |   |   |
X   |   |   |   |   |   |   |   |   |   |   |   |
N   |   |   |   |   |   |   |   |   |   O   |   |
N   |   |   |   |   |   |   |   |   |   O   |   |
N   |   |   |   |   |   |   |   O   |   |   |   |
N   |   |   |   |   |   |   |   |   |   |   O   |
            -       -       -       -           -

F2-102  7:8:12:16  0.827  D#2,F2,C3,F3
X   |   |   |   |   |   |   |   |   |   |   |   |
N   |   |   |   |   |   O   |   |   |   |   |   |
N   |   |   |   |   O   |   |   |   |   |   |   |
N   |   |   O   |   |   |   |   |   |   |   |   |
N   |   |   |   |   |   O   |   |   |   |   |   |
X   |   |   |   |   |   |   |   |   |   |   |   |
            -       -       -       -           -

G#2-1  2:3:4  2.167  G#2,D#3,G#3
X   |   |   |   |   |   |   |   |   |   |   |   |
N   |   |   |   |   |   |   |   |   O   |   |   |
N   |   |   |   |   |   |   |   O   |   |   |   |
N   |   |   |   |   |   O   |   |   |   |   |   |
X   |   |   |   |   |   |   |   |   |   |   |   |
X   |   |   |   |   |   |   |   |   |   |   |   |
            -       -       -       -           -
```

```
G#2-2  2:3:4  2.167  G#2,D#3,G#3
N   |   |   |   O   |   |   |   |   |   |   |   |
N   |   |   |   O   |   |   |   |   |   |   |   |
N   O   |   |   |   |   |   |   |   |   |   |   |
X   |   |   |   |   |   |   |   |   |   |   |   |
X   |   |   |   |   |   |   |   |   |   |   |   |
X   |   |   |   |   |   |   |   |   |   |   |   |
            -       -       -       -           -

G#2-3  3:4:6:8:9  1.972  D#2,G#2,D#3,G#3,A#4
N   |   |   |   |   |   O   |   |   |   |   |   |
N   |   |   |   |   |   |   |   |   O   |   |   |
N   |   |   |   |   |   |   |   O   |   |   |   |
N   |   |   |   |   |   O   |   |   |   |   |   |
N   |   |   |   |   |   O   |   |   |   |   |   |
X   |   |   |   |   |   |   |   |   |   |   |   |
            -       -       -       -           -

G#2-4  3:4:6:8  1.75  D#2,G#2,D#3,G#3
X   |   |   |   |   |   |   |   |   |   |   |   |
N   |   |   |   |   |   |   |   |   O   |   |   |
N   |   |   |   |   |   |   |   O   |   |   |   |
N   |   |   |   |   |   O   |   |   |   |   |   |
N   |   |   |   |   |   O   |   |   |   |   |   |
X   |   |   |   |   |   |   |   |   |   |   |   |
            -       -       -       -           -

G#2-5  3:4:6:8  1.75  D#2,G#2,D#3,G#3
N   |   |   |   O   |   |   |   |   |   |   |   |
N   |   |   |   O   |   |   |   |   |   |   |   |
N   O   |   |   |   |   |   |   |   |   |   |   |
N   O   |   |   |   |   |   |   |   |   |   |   |
X   |   |   |   |   |   |   |   |   |   |   |   |
X   |   |   |   |   |   |   |   |   |   |   |   |
            -       -       -       -           -

G#2-6  3:4:6  1.5  D#2,G#2,D#3
X   |   |   |   |   |   |   |   |   |   |   |   |
N   |   |   |   O   |   |   |   |   |   |   |   |
N   O   |   |   |   |   |   |   |   |   |   |   |
N   O   |   |   |   |   |   |   |   |   |   |   |
X   |   |   |   |   |   |   |   |   |   |   |   |
X   |   |   |   |   |   |   |   |   |   |   |   |
            -       -       -       -           -
```

```
G#2-7  4:6:8:9  1.306  G#2,D#3,G#3,A#4
N   |   |   |   |   |   O   |   |   |   |   |   |
N   |   |   |   |   |   |   |   |   O   |   |   |
N   |   |   |   |   |   |   |   O   |   |   |   |
N   |   |   |   |   |   O   |   |   |   |   |   |
X   |   |   |   |   |   |   |   |   |   |   |   |
X   |   |   |   |   |   |   |   |   |   |   |   |
            -       -       -       -           -

A3-1  2:3:4:3  2.833  A3,E3,A4,E3
O   |   |   |   |   |   |   |   |   |   |   |   |
N   |   |   |   |   |   |   |   |   |   O   |   |
N   |   |   |   |   |   |   |   |   O   |   |   |
N   |   |   |   |   |   |   O   |   |   |   |   |
X   |   |   |   |   |   |   |   |   |   |   |   |
X   |   |   |   |   |   |   |   |   |   |   |   |
            -       -       -       -           -

A3-4  2:3:4  2.167  A3,E3,A4
X   |   |   |   |   |   |   |   |   |   |   |   |
N   |   |   |   |   |   |   |   |   |   O   |   |
N   |   |   |   |   |   |   |   |   O   |   |   |
N   |   |   |   |   |   |   O   |   |   |   |   |
X   |   |   |   |   |   |   |   |   |   |   |   |
X   |   |   |   |   |   |   |   |   |   |   |   |
            -       -       -       -           -

A3-5  2:3:4  2.167  A3,E3,A4
N   |   |   |   |   O   |   |   |   |   |   |   |
N   |   |   |   |   O   |   |   |   |   |   |   |
N   |   O   |   |   |   |   |   |   |   |   |   |
X   |   |   |   |   |   |   |   |   |   |   |   |
X   |   |   |   |   |   |   |   |   |   |   |   |
X   |   |   |   |   |   |   |   |   |   |   |   |
            -       -       -       -           -

A3-7  3:4:6:8:6  2.083  E2,A3,E3,A4,E3
O   |   |   |   |   |   |   |   |   |   |   |   |
N   |   |   |   |   |   |   |   |   |   O   |   |
N   |   |   |   |   |   |   |   |   O   |   |   |
N   |   |   |   |   |   |   O   |   |   |   |   |
N   |   |   |   |   |   |   O   |   |   |   |   |
X   |   |   |   |   |   |   |   |   |   |   |   |
            -       -       -       -           -
```

```
A3-8   3:4:6:8:9   1.972   E2,A3,E3,A4,B4
N   |   |   |   |   |   |   O   |   |   |   |   |
N   |   |   |   |   |   |   |   |   |   O   |   |
N   |   |   |   |   |   |   |   |   O   |   |   |
N   |   |   |   |   |   |   O   |   |   |   |   |
N   |   |   |   |   |   |   O   |   |   |   |   |
X   |   |   |   |   |   |   |   |   |   |   |   |
            -       -       -       -           -

A3-16   3:6:8:9:9:12   1.861   E1,E2,A3,B3,B3,E3
O   |   |   |   |   |   |   |   |   |   |   |   |
O   |   |   |   |   |   |   |   |   |   |   |   |
N   |   |   |   O   |   |   |   |   |   |   |   |
N   |   |   |   |   |   |   O   |   |   |   |   |
N   |   |   |   |   |   |   O   |   |   |   |   |
O   |   |   |   |   |   |   |   |   |   |   |   |
            -       -       -       -           -

A3-24   3:6:8:12:9:12   1.806   E1,E2,A3,E3,B3,E3
O   |   |   |   |   |   |   |   |   |   |   |   |
O   |   |   |   |   |   |   |   |   |   |   |   |
N   |   |   |   |   |   |   |   |   O   |   |   |
N   |   |   |   |   |   |   O   |   |   |   |   |
N   |   |   |   |   |   |   O   |   |   |   |   |
O   |   |   |   |   |   |   |   |   |   |   |   |
            -       -       -       -           -

A3-26   3:4:6:8   1.75   E2,A3,E3,A4
X   |   |   |   |   |   |   |   |   |   |   |   |
N   |   |   |   |   |   |   |   |   |   O   |   |
N   |   |   |   |   |   |   |   |   O   |   |   |
N   |   |   |   |   |   |   O   |   |   |   |   |
N   |   |   |   |   |   |   O   |   |   |   |   |
X   |   |   |   |   |   |   |   |   |   |   |   |
            -       -       -       -           -

A3-27   3:4:6:8   1.75   E2,A3,E3,A4
N   |   |   |   |   O   |   |   |   |   |   |   |
N   |   |   |   |   O   |   |   |   |   |   |   |
N   |   O   |   |   |   |   |   |   |   |   |   |
N   |   O   |   |   |   |   |   |   |   |   |   |
X   |   |   |   |   |   |   |   |   |   |   |   |
X   |   |   |   |   |   |   |   |   |   |   |   |
            -       -       -       -           -
```

```
A3-35  3:4:6  1.5  E2,A3,E3
X   |   |   |   |   |   |   |   |   |   |   |   |
N   |   |   |   |   O   |   |   |   |   |   |   |
N   |   O   |   |   |   |   |   |   |   |   |   |
N   |   O   |   |   |   |   |   |   |   |   |   |
X   |   |   |   |   |   |   |   |   |   |   |   |
X   |   |   |   |   |   |   |   |   |   |   |   |
            -       -       -       -           -

A3-38  3:6:8:9  1.472  E1,E2,A3,B3
X   |   |   |   |   |   |   |   |   |   |   |   |
X   |   |   |   |   |   |   |   |   |   |   |   |
N   |   |   |   O   |   |   |   |   |   |   |   |
N   |   |   |   |   |   |   O   |   |   |   |   |
N   |   |   |   |   |   |   O   |   |   |   |   |
O   |   |   |   |   |   |   |   |   |   |   |   |
            -       -       -       -           -

A3-42  3:6:8:12  1.417  E1,E2,A3,E3
X   |   |   |   |   |   |   |   |   |   |   |   |
X   |   |   |   |   |   |   |   |   |   |   |   |
N   |   |   |   |   |   |   |   |   O   |   |   |
N   |   |   |   |   |   |   O   |   |   |   |   |
N   |   |   |   |   |   |   O   |   |   |   |   |
O   |   |   |   |   |   |   |   |   |   |   |   |
            -       -       -       -           -

A3-45  4:6:8:9  1.306  A3,E3,A4,B4
N   |   |   |   |   |   |   O   |   |   |   |   |
N   |   |   |   |   |   |   |   |   |   O   |   |
N   |   |   |   |   |   |   |   |   O   |   |   |
N   |   |   |   |   |   |   O   |   |   |   |   |
X   |   |   |   |   |   |   |   |   |   |   |   |
X   |   |   |   |   |   |   |   |   |   |   |   |
            -       -       -       -           -

A3-46  3:8:9:12  1.306  E1,A3,B3,E3
X   |   |   |   |   |   |   |   |   |   |   |   |
X   |   |   |   |   |   |   |   |   |   |   |   |
N   |   |   |   |   |   |   |   |   O   |   |   |
N   |   |   |   |   |   |   |   |   O   |   |   |
N   |   |   |   |   |   |   |   |   |   |   |   O
O   |   |   |   |   |   |   |   |   |   |   |   |
            -       -       -       -           -
```

```
A3-51   6:8:9:9:12   1.194   E2,A3,B3,B3,E3
O  |  |  |  |  |  |  |  |  |  |  |  |
O  |  |  |  |  |  |  |  |  |  |  |  |
N  |  |  |  O  |  |  |  |  |  |  |  |
N  |  |  |  |  |  |  O  |  |  |  |  |
N  |  |  |  |  |  |  O  |  |  |  |  |
X  |  |  |  |  |  |  |  |  |  |  |  |
         -     -     -     -        -

A3-59   6:8:12:9:12   1.139   E2,A3,E3,B3,E3
O  |  |  |  |  |  |  |  |  |  |  |  |
O  |  |  |  |  |  |  |  |  |  |  |  |
N  |  |  |  |  |  |  |  |  O  |  |  |
N  |  |  |  |  |  |  O  |  |  |  |  |
N  |  |  |  |  |  |  O  |  |  |  |  |
X  |  |  |  |  |  |  |  |  |  |  |  |
         -     -     -     -        -

A3-61   6:8:12:9:18   1.083   E2,A3,E3,B3,B4
N  |  |  |  |  |  |  O  |  |  |  |  |
O  |  |  |  |  |  |  |  |  |  |  |  |
N  |  |  |  |  |  |  |  |  O  |  |  |
N  |  |  |  |  |  |  O  |  |  |  |  |
N  |  |  |  |  |  |  O  |  |  |  |  |
X  |  |  |  |  |  |  |  |  |  |  |  |
         -     -     -     -        -

A3-68   6:8:12:9   0.972   E2,A3,E3,B3
X  |  |  |  |  |  |  |  |  |  |  |  |
O  |  |  |  |  |  |  |  |  |  |  |  |
N  |  |  |  |  |  |  |  |  O  |  |  |
N  |  |  |  |  |  |  O  |  |  |  |  |
N  |  |  |  |  |  |  O  |  |  |  |  |
X  |  |  |  |  |  |  |  |  |  |  |  |
         -     -     -     -        -

A3-69   6:8:9:12   0.972   E2,A3,B3,E3
O  |  |  |  |  |  |  |  |  |  |  |  |
O  |  |  |  |  |  |  |  |  |  |  |  |
N  |  O  |  |  |  |  |  |  |  |  |  |
N  |  O  |  |  |  |  |  |  |  |  |  |
X  |  |  |  |  |  |  |  |  |  |  |  |
X  |  |  |  |  |  |  |  |  |  |  |  |
         -     -     -     -        -
```

```
A3-70  8:9:9:12  0.861  A3,B3,B3,E3
O   |   |   |   |   |   |   |   |   |   |   |   |
O   |   |   |   |   |   |   |   |   |   |   |   |
N   |   |   |   O   |   |   |   |   |   |   |   |
N   |   |   |   |   |   |   O   |   |   |   |   |
X   |   |   |   |   |   |   |   |   |   |   |   |
X   |   |   |   |   |   |   |   |   |   |   |   |
            -       -       -       -           -
```

```
A3-72  8:12:9:12  0.806  A3,E3,B3,E3
O   |   |   |   |   |   |   |   |   |   |   |   |
O   |   |   |   |   |   |   |   |   |   |   |   |
N   |   |   |   |   |   |   |   |   O   |   |   |
N   |   |   |   |   |   |   O   |   |   |   |   |
X   |   |   |   |   |   |   |   |   |   |   |   |
X   |   |   |   |   |   |   |   |   |   |   |   |
            -       -       -       -           -
```

```
A3-73  8:9:12:12  0.806  A3,B3,E3,E3
O   |   |   |   |   |   |   |   |   |   |   |   |
N   |   |   |   |   O   |   |   |   |   |   |   |
N   |   |   |   O   |   |   |   |   |   |   |   |
N   |   |   |   |   |   |   O   |   |   |   |   |
X   |   |   |   |   |   |   |   |   |   |   |   |
X   |   |   |   |   |   |   |   |   |   |   |   |
            -       -       -       -           -
```

```
A3-74  8:12:9:12  0.806  A3,E3,B3,E3
O   |   |   |   |   |   |   |   |   |   |   |   |
O   |   |   |   |   |   |   |   |   |   |   |   |
N   |   |   |   |   |   |   |   |   O   |   |   |
N   |   |   |   |   |   |   O   |   |   |   |   |
X   |   |   |   |   |   |   |   |   |   |   |   |
X   |   |   |   |   |   |   |   |   |   |   |   |
            -       -       -       -           -
```

```
A3-75  8:9:9:18  0.806  A3,B3,B3,B4
N   |   |   |   |   |   |   O   |   |   |   |   |
O   |   |   |   |   |   |   |   |   |   |   |   |
N   |   |   |   O   |   |   |   |   |   |   |   |
N   |   |   |   |   |   |   O   |   |   |   |   |
X   |   |   |   |   |   |   |   |   |   |   |   |
X   |   |   |   |   |   |   |   |   |   |   |   |
            -       -       -       -           -
```

```
A3-77  8:9:12:18  0.75  A3,B3,E3,B4
N   |   |   |   |   |   |   O   |   |   |   |   |
N   |   |   |   |   O   |   |   |   |   |   |   |
N   |   |   |   O   |   |   |   |   |   |   |   |
N   |   |   |   |   |   |   O   |   |   |   |   |
X   |   |   |   |   |   |   |   |   |   |   |   |
X   |   |   |   |   |   |   |   |   |   |   |   |
            -       -       -       -           -

A3-78  8:12:9:18  0.75  A3,E3,B3,B4
N   |   |   |   |   |   |   O   |   |   |   |   |
O   |   |   |   |   |   |   |   |   |   |   |   |
N   |   |   |   |   |   |   |   |   O   |   |   |
N   |   |   |   |   |   |   O   |   |   |   |   |
X   |   |   |   |   |   |   |   |   |   |   |   |
X   |   |   |   |   |   |   |   |   |   |   |   |
            -       -       -       -           -

B3-1  2:3:2:5  3.067  B3,F#3,B3,D#4
N   |   |   |   |   |   |   |   |   |   |   O   |
O   |   |   |   |   |   |   |   |   |   |   |   |
N   |   |   |   |   |   |   |   |   |   |   O   |
N   |   |   |   |   |   |   |   |   O   |   |   |
X   |   |   |   |   |   |   |   |   |   |   |   |
X   |   |   |   |   |   |   |   |   |   |   |   |
            -       -       -       -           -

B3-2  2:3:4:5  2.567  B3,F#3,B4,D#4
N   |   |   |   |   |   |   |   |   |   |   O   |
N   |   |   |   |   |   |   |   |   |   |   |   O
N   |   |   |   |   |   |   |   |   |   |   O   |
N   |   |   |   |   |   |   |   |   O   |   |   |
X   |   |   |   |   |   |   |   |   |   |   |   |
X   |   |   |   |   |   |   |   |   |   |   |   |
            -       -       -       -           -

B3-3  3:4:5:4:8  2.317  F#2,B3,D#3,B3,B4
N   |   |   |   |   |   |   O   |   |   |   |   |
O   |   |   |   |   |   |   |   |   |   |   |   |
N   |   |   |   |   |   |   |   O   |   |   |   |
N   |   |   |   |   |   |   |   |   O   |   |   |
N   |   |   |   |   |   |   |   |   O   |   |   |
X   |   |   |   |   |   |   |   |   |   |   |   |
            -       -       -       -           -
```

```
B3-4  3:4:5:4:10  2.267  F#2,B3,D#3,B3,D#4
N   |   |   |   |   |   |   |   |   |   |   O   |
O   |   |   |   |   |   |   |   |   |   |   |   |
N   |   |   |   |   |   |   |   O   |   |   |   |
N   |   |   |   |   |   |   |   |   O   |   |   |
N   |   |   |   |   |   |   |   |   O   |   |   |
X   |   |   |   |   |   |   |   |   |   |   |   |
            -       -       -       -           -
```

```
B3-5  3:4:6:4:10  2.2  F#2,B3,F#3,B3,D#4
N   |   |   |   |   |   |   |   |   |   |   O   |
O   |   |   |   |   |   |   |   |   |   |   |   |
N   |   |   |   |   |   |   |   |   |   |   O   |
N   |   |   |   |   |   |   |   |   O   |   |   |
N   |   |   |   |   |   |   |   |   O   |   |   |
X   |   |   |   |   |   |   |   |   |   |   |   |
            -       -       -       -           -
```

```
B3-6  2:3:4  2.167  B3,F#3,B4
X   |   |   |   |   |   |   |   |   |   |   |   |
N   |   |   |   |   |   |   |   |   |   |   |   O
N   |   |   |   |   |   |   |   |   |   |   O   |
N   |   |   |   |   |   |   |   |   O   |   |   |
X   |   |   |   |   |   |   |   |   |   |   |   |
X   |   |   |   |   |   |   |   |   |   |   |   |
            -       -       -       -           -
```

```
B3-7  2:3:4  2.167  B3,F#3,B4
N   |   |   |   |   |   |   O   |   |   |   |   |
N   |   |   |   |   |   |   O   |   |   |   |   |
N   |   |   |   O   |   |   |   |   |   |   |   |
X   |   |   |   |   |   |   |   |   |   |   |   |
X   |   |   |   |   |   |   |   |   |   |   |   |
X   |   |   |   |   |   |   |   |   |   |   |   |
            -       -       -       -           -
```

```
B3-8  3:4:5:6:8  2.15  F#2,B3,D#3,F#3,B4
N   |   |   |   |   |   |   O   |   |   |   |   |
N   |   |   |   |   |   |   O   |   |   |   |   |
N   |   |   |   |   |   |   |   O   |   |   |   |
N   |   |   |   |   |   |   |   |   O   |   |   |
N   |   |   |   |   |   |   |   |   O   |   |   |
X   |   |   |   |   |   |   |   |   |   |   |   |
            -       -       -       -           -
```

```
B3-9   3:4:6:4:10   2.2   F#2,B3,F#3,B3,D#4
N   |  |  |  |  |  |  |  |  |  |  O  |
O   |  |  |  |  |  |  |  |  |  |  |  |
N   |  |  |  |  |  |  |  |  |  |  O  |
N   |  |  |  |  |  |  |  |  O  |  |  |
N   |  |  |  |  |  |  |  |  O  |  |  |
X   |  |  |  |  |  |  |  |  |  |  |  |
          -     -     -     -        -

B3-10   3:4:5:4   2.067   F#2,B3,D#3,B3
X   |  |  |  |  |  |  |  |  |  |  |  |
O   |  |  |  |  |  |  |  |  |  |  |  |
N   |  |  |  |  |  |  |  O  |  |  |  |
N   |  |  |  |  |  |  |  |  O  |  |  |
N   |  |  |  |  |  |  |  |  O  |  |  |
X   |  |  |  |  |  |  |  |  |  |  |  |
          -     -     -     -        -

B3-11   3:4:6:4   2.0   F#2,B3,F#3,B3
X   |  |  |  |  |  |  |  |  |  |  |  |
O   |  |  |  |  |  |  |  |  |  |  |  |
N   |  |  |  |  |  |  |  |  |  |  O  |
N   |  |  |  |  |  |  |  |  O  |  |  |
N   |  |  |  |  |  |  |  |  O  |  |  |
X   |  |  |  |  |  |  |  |  |  |  |  |
          -     -     -     -        -

B3-12   3:4:4:6   2.0   F#2,B3,B3,F#3
N   |  O  |  |  |  |  |  |  |  |  |  |
O   |  |  |  |  |  |  |  |  |  |  |  |
N   |  |  |  O  |  |  |  |  |  |  |  |
N   |  |  |  O  |  |  |  |  |  |  |  |
X   |  |  |  |  |  |  |  |  |  |  |  |
X   |  |  |  |  |  |  |  |  |  |  |  |
          -     -     -     -        -

B3-13   3:4:6:8:10   1.95   F#2,B3,F#3,B4,D#4
N   |  |  |  |  |  |  |  |  |  |  O  |
N   |  |  |  |  |  |  |  |  |  |  |  O
N   |  |  |  |  |  |  |  |  |  |  O  |
N   |  |  |  |  |  |  |  |  O  |  |  |
N   |  |  |  |  |  |  |  |  O  |  |  |
X   |  |  |  |  |  |  |  |  |  |  |  |
          -     -     -     -        -
```

```
B3-14  3:4:5:6  1.9  F#2,B3,D#3,F#3
N   |   O   |   |   |   |   |   |   |   |   |   |
N   |   |   |   O   |   |   |   |   |   |   |   |
N   |   |   |   O   |   |   |   |   |   |   |   |
N   |   |   |   O   |   |   |   |   |   |   |   |
X   |   |   |   |   |   |   |   |   |   |   |   |
X   |   |   |   |   |   |   |   |   |   |   |   |
            -       -       -       -           -

B3-15  3:4:5:6  1.9  F#2,B3,D#3,F#3
X   |   |   |   |   |   |   |   |   |   |   |   |
N   |   |   |   |   |   |   O   |   |   |   |   |
N   |   |   |   |   |   |   |   O   |   |   |   |
N   |   |   |   |   |   |   |   |   O   |   |   |
N   |   |   |   |   |   |   |   |   O   |   |   |
X   |   |   |   |   |   |   |   |   |   |   |   |
            -       -       -       -           -

B3-16  3:4:5:8  1.817  F#2,B3,D#3,B4
N   |   |   |   |   |   |   O   |   |   |   |   |
N   |   |   |   O   |   |   |   |   |   |   |   |
N   |   |   |   O   |   |   |   |   |   |   |   |
N   |   |   |   O   |   |   |   |   |   |   |   |
X   |   |   |   |   |   |   |   |   |   |   |   |
X   |   |   |   |   |   |   |   |   |   |   |   |
            -       -       -       -           -

B3-17  3:4:6:8  1.75  F#2,B3,F#3,B4
X   |   |   |   |   |   |   |   |   |   |   |   |
N   |   |   |   |   |   |   |   |   |   |   |   O
N   |   |   |   |   |   |   |   |   |   |   O   |
N   |   |   |   |   |   |   |   |   O   |   |   |
N   |   |   |   |   |   |   |   |   O   |   |   |
X   |   |   |   |   |   |   |   |   |   |   |   |
            -       -       -       -           -

B3-18  3:4:6:8  1.75  F#2,B3,F#3,B4
N   |   |   |   |   |   |   O   |   |   |   |   |
N   |   |   |   |   |   |   O   |   |   |   |   |
N   |   |   |   O   |   |   |   |   |   |   |   |
N   |   |   |   O   |   |   |   |   |   |   |   |
X   |   |   |   |   |   |   |   |   |   |   |   |
X   |   |   |   |   |   |   |   |   |   |   |   |
            -       -       -       -           -
```

```
B3-19  4:5:4:8  1.65  B3,D#3,B3,B4
N   |   |   |   |   |   |   O   |   |   |   |   |
O   |   |   |   |   |   |   |   |   |   |   |   |
N   |   |   |   |   |   |   |   O   |   |   |   |
N   |   |   |   |   |   |   |   |   O   |   |   |
X   |   |   |   |   |   |   |   |   |   |   |   |
X   |   |   |   |   |   |   |   |   |   |   |   |
            -       -       -       -           -
```

```
B3-20  4:5:4:10  1.6  B3,D#3,B3,D#4
N   |   |   |   |   |   |   |   |   |   |   O   |
O   |   |   |   |   |   |   |   |   |   |   |   |
N   |   |   |   |   |   |   |   O   |   |   |   |
N   |   |   |   |   |   |   |   |   O   |   |   |
X   |   |   |   |   |   |   |   |   |   |   |   |
X   |   |   |   |   |   |   |   |   |   |   |   |
            -       -       -       -           -
```

```
B3-21  4:5:6:8  1.483  B3,D#3,F#3,B4
N   |   |   |   |   |   |   O   |   |   |   |   |
N   |   |   |   |   |   |   O   |   |   |   |   |
N   |   |   |   |   |   |   |   O   |   |   |   |
N   |   |   |   |   |   |   |   |   O   |   |   |
X   |   |   |   |   |   |   |   |   |   |   |   |
X   |   |   |   |   |   |   |   |   |   |   |   |
            -       -       -       -           -
```

```
B3-22  5:6:8:10:16  1.308  D#2,F#2,B3,D#3,B4
N   |   |   |   |   |   |   O   |   |   |   |   |
N   |   |   |   O   |   |   |   |   |   |   |   |
N   |   |   |   O   |   |   |   |   |   |   |   |
N   |   |   |   O   |   |   |   |   |   |   |   |
N   |   |   |   |   |   O   |   |   |   |   |   |
X   |   |   |   |   |   |   |   |   |   |   |   |
            -       -       -       -           -
```

```
B3-23  4:5:6  1.233  B3,D#3,F#3
X   |   |   |   |   |   |   |   |   |   |   |   |
N   |   |   |   |   |   |   O   |   |   |   |   |
N   |   |   |   |   |   |   |   O   |   |   |   |
N   |   |   |   |   |   |   |   |   O   |   |   |
X   |   |   |   |   |   |   |   |   |   |   |   |
X   |   |   |   |   |   |   |   |   |   |   |   |
            -       -       -       -           -
```

```
B3-24  4:5:6  1.233  B3,D#3,F#3
N   |  O  |  |  |  |  |  |  |  |  |  |
N   |  |  |  O  |  |  |  |  |  |  |  |
N   |  |  |  O  |  |  |  |  |  |  |  |
X   |  |  |  |  |  |  |  |  |  |  |  |
X   |  |  |  |  |  |  |  |  |  |  |  |
X   |  |  |  |  |  |  |  |  |  |  |  |
          -     -     -     -        -
```

```
B3-25  5:6:8:8  1.233  D#2,F#2,B3,B3
X   |  |  |  |  |  |  |  |  |  |  |  |
O   |  |  |  |  |  |  |  |  |  |  |  |
N   |  |  |  O  |  |  |  |  |  |  |  |
N   |  |  |  O  |  |  |  |  |  |  |  |
N   |  |  |  |  |  O  |  |  |  |  |  |
X   |  |  |  |  |  |  |  |  |  |  |  |
          -     -     -     -        -
```

```
B3-26  5:6:8:10  1.183  D#2,F#2,B3,D#3
X   |  |  |  |  |  |  |  |  |  |  |  |
N   |  |  |  O  |  |  |  |  |  |  |  |
N   |  |  |  O  |  |  |  |  |  |  |  |
N   |  |  |  O  |  |  |  |  |  |  |  |
N   |  |  |  |  |  O  |  |  |  |  |  |
X   |  |  |  |  |  |  |  |  |  |  |  |
          -     -     -     -        -
```

```
B3-27  5:6:8:12  1.15  D#2,F#2,B3,F#3
X   |  |  |  |  |  |  |  |  |  |  |  |
N   |  |  |  |  |  |  O  |  |  |  |  |
N   |  |  |  O  |  |  |  |  |  |  |  |
N   |  |  |  O  |  |  |  |  |  |  |  |
N   |  |  |  |  |  O  |  |  |  |  |  |
X   |  |  |  |  |  |  |  |  |  |  |  |
          -     -     -     -        -
```

```
B3-28  5:6:8:12  1.15  D#2,F#2,B3,F#3
X   |  |  |  |  |  |  |  |  |  |  |  |
X   |  |  |  |  |  |  |  |  |  |  |  |
N   |  |  |  |  |  |  |  |  |  |  O  |
N   |  |  |  |  |  |  |  |  O  |  |  |
N   |  |  |  |  |  |  |  |  O  |  |  |
N   |  |  |  |  |  |  |  |  |  |  O  |
          -     -     -     -        -
```

```
B3-29   4:5:8   1.15   B3,D#3,B4
N   |   |   |   |   |   |   O   |   |   |   |   |
N   |   |   |   O   |   |   |   |   |   |   |   |
N   |   |   |   O   |   |   |   |   |   |   |   |
X   |   |   |   |   |   |   |   |   |   |   |   |
X   |   |   |   |   |   |   |   |   |   |   |   |
X   |   |   |   |   |   |   |   |   |   |   |   |
            -       -       -       -           -
```

```
B3-30   5:8:10:8   1.1   D#2,B3,D#3,B3
X   |   |   |   |   |   |   |   |   |   |   |   |
O   |   |   |   |   |   |   |   |   |   |   |   |
N   |   |   |   |   |   |   |   O   |   |   |   |
N   |   |   |   |   |   |   |   |   O   |   |   |
N   |   |   |   |   |   O   |   |   |   |   |   |
X   |   |   |   |   |   |   |   |   |   |   |   |
            -       -       -       -           -
```

```
B3-31   5:8:8:12   1.067   D#2,B3,B3,F#3
N   |   O   |   |   |   |   |   |   |   |   |   |
O   |   |   |   |   |   |   |   |   |   |   |   |
N   |   |   |   O   |   |   |   |   |   |   |   |
N   O   |   |   |   |   |   |   |   |   |   |   |
X   |   |   |   |   |   |   |   |   |   |   |   |
X   |   |   |   |   |   |   |   |   |   |   |   |
            -       -       -       -           -
```

```
B3-32   5:8:10:12   1.017   D#2,B3,D#3,F#3
X   |   |   |   |   |   |   |   |   |   |   |   |
N   |   |   |   |   |   |   O   |   |   |   |   |
N   |   |   |   |   |   |   |   O   |   |   |   |
N   |   |   |   |   |   |   |   |   O   |   |   |
N   |   |   |   |   |   O   |   |   |   |   |   |
X   |   |   |   |   |   |   |   |   |   |   |   |
            -       -       -       -           -
```

```
B3-33   5:6:8   0.983   D#2,F#2,B3
X   |   |   |   |   |   |   |   |   |   |   |   |
X   |   |   |   |   |   |   |   |   |   |   |   |
N   |   |   |   O   |   |   |   |   |   |   |   |
N   |   |   |   O   |   |   |   |   |   |   |   |
N   |   |   |   |   |   O   |   |   |   |   |   |
X   |   |   |   |   |   |   |   |   |   |   |   |
            -       -       -       -           -
```

```
C3-34   4:5:7:5   1.586   C3,E3,A#4,E3
O    |   |   |   |   |   |   |   |   |   |   |   |
N    |   |   |   |   |   |   |   |   |   |   O   |
N    |   |   |   |   |   |   |   |   O   |   |   |
N    |   |   |   |   |   |   |   |   |   O   |   |
X    |   |   |   |   |   |   |   |   |   |   |   |
X    |   |   |   |   |   |   |   |   |   |   |   |
             -       -       -       -           -

C3-39   4:5:7:8   1.436   C3,E3,A#4,C4
N    |   |   |   |   |   |   |   O   |   |   |   |
N    |   |   |   |   |   |   |   |   |   |   O   |
N    |   |   |   |   |   |   |   |   O   |   |   |
N    |   |   |   |   |   |   |   |   |   O   |   |
X    |   |   |   |   |   |   |   |   |   |   |   |
X    |   |   |   |   |   |   |   |   |   |   |   |
             -       -       -       -           -

C3-41   4:5:7:10   1.386   C3,E3,A#4,E4
N    |   |   |   |   |   |   |   |   |   |   |   O
N    |   |   |   |   |   |   |   |   |   |   O   |
N    |   |   |   |   |   |   |   |   O   |   |   |
N    |   |   |   |   |   |   |   |   |   O   |   |
X    |   |   |   |   |   |   |   |   |   |   |   |
X    |   |   |   |   |   |   |   |   |   |   |   |
             -       -       -       -           -

C3-55   4:5:7   1.186   C3,E3,A#4
X    |   |   |   |   |   |   |   |   |   |   |   |
N    |   |   |   |   |   |   |   |   |   |   O   |
N    |   |   |   |   |   |   |   |   O   |   |   |
N    |   |   |   |   |   |   |   |   |   O   |   |
X    |   |   |   |   |   |   |   |   |   |   |   |
X    |   |   |   |   |   |   |   |   |   |   |   |
             -       -       -       -           -

C3-56   4:5:7   1.186   C3,E3,A#4
N    |   |   |   |   |   O   |   |   |   |   |   |
N    |   |   |   |   O   |   |   |   |   |   |   |
N    |   |   |   |   O   |   |   |   |   |   |   |
X    |   |   |   |   |   |   |   |   |   |   |   |
X    |   |   |   |   |   |   |   |   |   |   |   |
X    |   |   |   |   |   |   |   |   |   |   |   |
             -       -       -       -           -
```

```
C3-62  4:5:8  1.15  C3,E3,C4
N    |   |   |   |   |   |   |   O   |   |   |   |
N    |   |   |   |   O   |   |   |   |   |   |   |
N    |   |   |   |   O   |   |   |   |   |   |   |
X    |   |   |   |   |   |   |   |   |   |   |   |
X    |   |   |   |   |   |   |   |   |   |   |   |
X    |   |   |   |   |   |   |   |   |   |   |   |
             -       -       -       -           -

C3-73  5:8:10:10  1.05  E2,C3,E3,E3
O    |   |   |   |   |   |   |   |   |   |   |   |
N    |   |   |   |   O   |   |   |   |   |   |   |
N    |   |   |   |   O   |   |   |   |   |   |   |
N    |   O   |   |   |   |   |   |   |   |   |   |
X    |   |   |   |   |   |   |   |   |   |   |   |
X    |   |   |   |   |   |   |   |   |   |   |   |
             -       -       -       -           -

C3-89  5:8:10  0.85   E2,C3,E3
X    |   |   |   |   |   |   |   |   |   |   |   |
N    |   |   |   |   O   |   |   |   |   |   |   |
N    |   |   |   |   O   |   |   |   |   |   |   |
N    |   O   |   |   |   |   |   |   |   |   |   |
X    |   |   |   |   |   |   |   |   |   |   |   |
X    |   |   |   |   |   |   |   |   |   |   |   |
             -       -       -       -           -

D#3  2:3:4  2.167  D#3,A#4,D#4
N    |   |   |   |   |   |   |   |   |   |   O   |
N    |   |   |   |   |   |   |   |   |   |   O   |
N    |   |   |   |   |   |   |   O   |   |   |   |
X    |   |   |   |   |   |   |   |   |   |   |   |
X    |   |   |   |   |   |   |   |   |   |   |   |
X    |   |   |   |   |   |   |   |   |   |   |   |
             -       -       -       -           -

E3-1  3:4:3:4  2.333  B3,E3,B3,E3
O    |   |   |   |   |   |   |   |   |   |   |   |
O    |   |   |   |   |   |   |   |   |   |   |   |
N    |   |   |   |   |   |   |   |   O   |   |   |
N    |   |   |   |   |   |   |   |   O   |   |   |
X    |   |   |   |   |   |   |   |   |   |   |   |
X    |   |   |   |   |   |   |   |   |   |   |   |
             -       -       -       -           -
```

```
E3-2  3:4:3:6  2.167  B3,E3,B3,B4
N   |   |   |   |   |   |   O   |   |   |   |   |
O   |   |   |   |   |   |   |   |   |   |   |   |
N   |   |   |   |   |   |   |   |   O   |   |   |
N   |   |   |   |   |   |   |   |   O   |   |   |
X   |   |   |   |   |   |   |   |   |   |   |   |
X   |   |   |   |   |   |   |   |   |   |   |   |
            -       -       -       -           -

E3-3  3:4:3:8  2.083  B3,E3,B3,E4
N   |   |   |   |   |   |   |   |   |   |   |   O
O   |   |   |   |   |   |   |   |   |   |   |   |
N   |   |   |   |   |   |   |   |   O   |   |   |
N   |   |   |   |   |   |   |   |   O   |   |   |
X   |   |   |   |   |   |   |   |   |   |   |   |
X   |   |   |   |   |   |   |   |   |   |   |   |
            -       -       -       -           -

E3-4  3:4:5:4  2.067  B3,E3,G#3,E3
O   |   |   |   |   |   |   |   |   |   |   |   |
N   |   |   |   |   |   |   |   |   O   |   |   |
N   |   |   |   |   |   |   |   |   O   |   |   |
N   |   |   |   |   |   |   |   |   O   |   |   |
X   |   |   |   |   |   |   |   |   |   |   |   |
X   |   |   |   |   |   |   |   |   |   |   |   |
            -       -       -       -           -

E3-5  3:4:6:4  2.0  B3,E3,B4,E3
O   |   |   |   |   |   |   |   |   |   |   |   |
N   |   |   |   |   |   |   |   |   |   |   |   O
N   |   |   |   |   |   |   |   |   O   |   |   |
N   |   |   |   |   |   |   |   |   O   |   |   |
X   |   |   |   |   |   |   |   |   |   |   |   |
X   |   |   |   |   |   |   |   |   |   |   |   |
            -       -       -       -           -

E3-6  3:4:5:6  1.9  B3,E3,G#3,B4
N   |   |   |   |   |   |   O   |   |   |   |   |
N   |   |   |   |   |   |   |   |   O   |   |   |
N   |   |   |   |   |   |   |   |   O   |   |   |
N   |   |   |   |   |   |   |   |   O   |   |   |
X   |   |   |   |   |   |   |   |   |   |   |   |
X   |   |   |   |   |   |   |   |   |   |   |   |
            -       -       -       -           -
```

```
E3-7   3:4:5:8   1.817   B3,E3,G#3,E4
N  |  |  |  |  |  |  |  |  |  |  |  O
N  |  |  |  |  |  |  |  |  O  |  |  |
N  |  |  |  |  |  |  |  |  O  |  |  |
N  |  |  |  |  |  |  |  |  O  |  |  |
X  |  |  |  |  |  |  |  |  |  |  |  |
X  |  |  |  |  |  |  |  |  |  |  |  |
         -     -     -     -        -
```

```
E3-8   3:4:6:8   1.75   B3,E3,B4,E4
N  |  |  |  |  |  |  |  |  |  |  |  O
N  |  |  |  |  |  |  |  |  |  |  |  O
N  |  |  |  |  |  |  |  |  O  |  |  |
N  |  |  |  |  |  |  |  |  O  |  |  |
X  |  |  |  |  |  |  |  |  |  |  |  |
X  |  |  |  |  |  |  |  |  |  |  |  |
         -     -     -     -        -
```

```
E3-9   5:6:6:8   1.317   G#2,B3,B3,E3
O  |  |  |  |  |  |  |  |  |  |  |  |
O  |  |  |  |  |  |  |  |  |  |  |  |
N  |  |  |  O  |  |  |  |  |  |  |  |
N  |  |  |  |  |  O  |  |  |  |  |  |
X  |  |  |  |  |  |  |  |  |  |  |  |
X  |  |  |  |  |  |  |  |  |  |  |  |
         -     -     -     -        -
```

```
E3-10   5:6:8:8   1.233   G#2,B3,E3,E3
O  |  |  |  |  |  |  |  |  |  |  |  |
N  |  |  |  |  O  |  |  |  |  |  |  |
N  |  |  |  O  |  |  |  |  |  |  |  |
N  |  |  |  |  |  O  |  |  |  |  |  |
X  |  |  |  |  |  |  |  |  |  |  |  |
X  |  |  |  |  |  |  |  |  |  |  |  |
         -     -     -     -        -
```

```
E3-11   5:8:6:8   1.233   G#2,E3,B3,E3
O  |  |  |  |  |  |  |  |  |  |  |  |
O  |  |  |  |  |  |  |  |  |  |  |  |
N  |  |  |  |  |  |  |  |  O  |  |  |
N  |  |  |  |  |  O  |  |  |  |  |  |
X  |  |  |  |  |  |  |  |  |  |  |  |
X  |  |  |  |  |  |  |  |  |  |  |  |
         -     -     -     -        -
```

```
E3-12  5:6:9:8  1.206  G#2,B3,F#3,E3
O   |   |   |   |   |   |   |   |   |   |   |   |
N   |   |   |   |   |   |   O   |   |   |   |   |
N   |   |   |   O   |   |   |   |   |   |   |   |
N   |   |   |   |   |   O   |   |   |   |   |   |
X   |   |   |   |   |   |   |   |   |   |   |   |
X   |   |   |   |   |   |   |   |   |   |   |   |
            -       -       -       -           -
```

```
E3-13  5:6:8:10  1.183  G#2,B3,E3,G#3
N   |   |   |   O   |   |   |   |   |   |   |   |
N   |   |   |   |   O   |   |   |   |   |   |   |
N   |   |   |   O   |   |   |   |   |   |   |   |
N   |   |   |   |   |   O   |   |   |   |   |   |
X   |   |   |   |   |   |   |   |   |   |   |   |
X   |   |   |   |   |   |   |   |   |   |   |   |
            -       -       -       -           -
```

```
E3-14  5:6:8:12  1.15  G#2,B3,E3,B4
N   |   |   |   |   |   |   O   |   |   |   |   |
N   |   |   |   |   O   |   |   |   |   |   |   |
N   |   |   |   O   |   |   |   |   |   |   |   |
N   |   |   |   |   |   O   |   |   |   |   |   |
X   |   |   |   |   |   |   |   |   |   |   |   |
X   |   |   |   |   |   |   |   |   |   |   |   |
            -       -       -       -           -
```

```
E3-15  6:9:6:8  1.139  B3,F#3,B3,E3
O   |   |   |   |   |   |   |   |   |   |   |   |
O   |   |   |   |   |   |   |   |   |   |   |   |
N   |   |   |   |   |   |   |   |   |   |   O   |
N   |   |   |   |   |   |   |   |   O   |   |   |
X   |   |   |   |   |   |   |   |   |   |   |   |
X   |   |   |   |   |   |   |   |   |   |   |   |
            -       -       -       -           -
```

```
E3-16  5:8:9:8  1.122  G#2,E3,F#3,E3
O   |   |   |   |   |   |   |   |   |   |   |   |
N   |   |   |   |   |   |   O   |   |   |   |   |
N   |   |   |   |   |   |   |   |   O   |   |   |
N   |   |   |   |   |   O   |   |   |   |   |   |
X   |   |   |   |   |   |   |   |   |   |   |   |
X   |   |   |   |   |   |   |   |   |   |   |   |
            -       -       -       -           -
```

```
E3-17  5:8:10:8  1.1  G#2,E3,G#3,E3
O   |   |   |   |   |   |   |   |   |   |   |   |
N   |   |   |   |   |   |   |   O   |   |   |   |
N   |   |   |   |   |   |   |   O   |   |   |   |
N   |   |   |   |   |   O   |   |   |   |   |   |
X   |   |   |   |   |   |   |   |   |   |   |   |
X   |   |   |   |   |   |   |   |   |   |   |   |
            -       -       -       -           -

E3-18  6:8:9:8  1.056  B3,E3,F#3,E3
O   |   |   |   |   |   |   |   |   |   |   |   |
N   |   |   |   |   |   |   O   |   |   |   |   |
N   |   |   |   |   |   |   |   O   |   |   |   |
N   |   |   |   |   |   |   |   O   |   |   |   |
X   |   |   |   |   |   |   |   |   |   |   |   |
X   |   |   |   |   |   |   |   |   |   |   |   |
            -       -       -       -           -

E3-19  5:8:9:12  1.039  G#2,E3,F#3,B4
N   |   |   |   |   |   |   O   |   |   |   |   |
N   |   |   |   |   |   |   O   |   |   |   |   |
N   |   |   |   |   |   |   |   O   |   |   |   |
N   |   |   |   |   |   O   |   |   |   |   |   |
X   |   |   |   |   |   |   |   |   |   |   |   |
X   |   |   |   |   |   |   |   |   |   |   |   |
            -       -       -       -           -

E3-20  5:8:10:12  1.017  G#2,E3,G#3,B4
N   |   |   |   |   |   |   O   |   |   |   |   |
N   |   |   |   |   |   |   |   O   |   |   |   |
N   |   |   |   |   |   |   |   O   |   |   |   |
N   |   |   |   |   |   O   |   |   |   |   |   |
X   |   |   |   |   |   |   |   |   |   |   |   |
X   |   |   |   |   |   |   |   |   |   |   |   |
            -       -       -       -           -

E3-21  6:9:10:8  1.006  B3,F#3,G#3,E3
O   |   |   |   |   |   |   |   |   |   |   |   |
N   |   |   |   |   |   |   |   O   |   |   |   |
N   |   |   |   |   |   |   |   |   |   O   |   |
N   |   |   |   |   |   |   |   O   |   |   |   |
X   |   |   |   |   |   |   |   |   |   |   |   |
X   |   |   |   |   |   |   |   |   |   |   |   |
            -       -       -       -           -
```

```
E3-22  6:8:9:12  0.972  B3,E3,F#3,B4
N   |   |   |   |   |   |   O   |   |   |   |   |
N   |   |   |   |   |   |   O   |   |   |   |   |
N   |   |   |   |   |   |   |   |   O   |   |   |
N   |   |   |   |   |   |   |   |   O   |   |   |
X   |   |   |   |   |   |   |   |   |   |   |   |
X   |   |   |   |   |   |   |   |   |   |   |   |
            -       -       -       -           -

E3-23  6:9:12:8  0.972  B3,F#3,B4,E3
O   |   |   |   |   |   |   |   |   |   |   |   |
N   |   |   |   |   |   |   |   |   |   |   |   O
N   |   |   |   |   |   |   |   |   |   |   O   |
N   |   |   |   |   |   |   |   |   O   |   |   |
X   |   |   |   |   |   |   |   |   |   |   |   |
X   |   |   |   |   |   |   |   |   |   |   |   |
            -       -       -       -           -

F3-1  3:4:5:6  1.9  C3,F3,A4,C4
N   |   |   |   |   |   |   |   O   |   |   |   |
N   |   |   |   |   |   |   |   |   |   O   |   |
N   |   |   |   |   |   |   |   |   |   O   |   |
N   |   |   |   |   |   |   |   |   |   O   |   |
X   |   |   |   |   |   |   |   |   |   |   |   |
X   |   |   |   |   |   |   |   |   |   |   |   |
            -       -       -       -           -

F3-2  3:4:5:7  1.852  C3,F3,A4,D#4
N   |   |   |   |   |   |   |   |   |   |   O   |
N   |   |   |   |   |   |   |   |   |   O   |   |
N   |   |   |   |   |   |   |   |   |   O   |   |
N   |   |   |   |   |   |   |   |   |   O   |   |
X   |   |   |   |   |   |   |   |   |   |   |   |
X   |   |   |   |   |   |   |   |   |   |   |   |
            -       -       -       -           -

F3-3  5:5:10:12:16  1.292  A2,A2,A3,C3,F3
X   |   |   |   |   |   |   |   |   |   |   |   |
N   |   |   |   |   |   O   |   |   |   |   |   |
N   |   |   |   |   O   |   |   |   |   |   |   |
N   |   |   |   |   |   |   O   |   |   |   |   |
O   |   |   |   |   |   |   |   |   |   |   |   |
N   |   |   |   |   O   |   |   |   |   |   |   |
            -       -       -       -           -
```

```
F3-4  5:5:10:14:16  1.268  A2,A2,A3,D#3,F3
X   |   |   |   |   |   |   |   |   |   |   |   |
N   |   |   |   |   |   O   |   |   |   |   |   |
N   |   |   |   |   |   |   |   O   |   |   |   |
N   |   |   |   |   |   |   O   |   |   |   |   |
O   |   |   |   |   |   |   |   |   |   |   |   |
N   |   |   |   |   O   |   |   |   |   |   |   |
            -       -       -       -           -

F3-5  6:5:10:14:16  1.201  C2,A2,A3,D#3,F3
X   |   |   |   |   |   |   |   |   |   |   |   |
N   |   |   |   |   |   O   |   |   |   |   |   |
N   |   |   |   |   |   |   |   O   |   |   |   |
N   |   |   |   |   |   |   O   |   |   |   |   |
O   |   |   |   |   |   |   |   |   |   |   |   |
N   |   |   |   |   |   |   |   O   |   |   |   |
            -       -       -       -           -

F3-6  5:6:8:10  1.183  A3,C3,F3,A4
N   |   |   |   |   O   |   |   |   |   |   |   |
N   |   |   |   |   |   O   |   |   |   |   |   |
N   |   |   |   |   O   |   |   |   |   |   |   |
N   |   |   |   |   |   |   O   |   |   |   |   |
X   |   |   |   |   |   |   |   |   |   |   |   |
X   |   |   |   |   |   |   |   |   |   |   |   |
            -       -       -       -           -

F3-7  5:7:10:12:16  1.177  A2,D#2,A3,C3,F3
X   |   |   |   |   |   |   |   |   |   |   |   |
N   |   |   |   |   |   O   |   |   |   |   |   |
N   |   |   |   |   O   |   |   |   |   |   |   |
N   |   |   |   |   |   |   O   |   |   |   |   |
N   |   |   |   |   |   O   |   |   |   |   |   |
N   |   |   |   |   O   |   |   |   |   |   |   |
            -       -       -       -           -

F3-8  5:7:10:12:16  1.177  A2,D#2,A3,C3,F3
N   O   |   |   |   |   |   |   |   |   |   |   |
N   O   |   |   |   |   |   |   |   |   |   |   |
N   |   O   |   |   |   |   |   |   |   |   |   |
N   O   |   |   |   |   |   |   |   |   |   |   |
O   |   |   |   |   |   |   |   |   |   |   |   |
X   |   |   |   |   |   |   |   |   |   |   |   |
            -       -       -       -           -
```

```
F3-10  6:5:10:16:20  1.158  C2,A2,A3,F3,A4
X | | | | | | | | | | | |
N | | | | | | | | | O | |
N | | | | | | | | | O | |
N | | | | | | O | | | | |
O | | | | | | | | | | | |
N | | | | | | | O | | | |
      -   -   -   -     -

F3-11  5:6:8:12  1.15  A3,C3,F3,C4
N | | | | | | | O | | | |
N | | | | | O | | | | | |
N | | | | O | | | | | | |
N | | | | | | O | | | | |
X | | | | | | | | | | | |
X | | | | | | | | | | | |
      -   -   -   -     -

F3-13  5:7:8:10  1.136  A3,D#3,F3,A4
N | | | | O | | | | | | |
N | | | | | O | | | | | |
N | | | | | | | O | | | |
N | | | | | | O | | | | |
X | | | | | | | | | | | |
X | | | | | | | | | | | |
      -   -   -   -     -

F3-14  6:5:12:16:20  1.125  C2,A2,C3,F3,A4
X | | | | | | | | | | | |
N | | | | | | | | | O | |
N | | | | | | | | | O | |
N | | | | | | | | | O | |
O | | | | | | | | | | | |
N | | | | | | | O | | | |
      -   -   -   -     -

F3-15  6:7:10:12:16  1.111  C2,D#2,A3,C3,F3
N O | | | | | | | | | | |
N O | | | | | | | | | | |
N | O | | | | | | | | | |
N O | | | | | | | | | | |
N | | O | | | | | | | | |
X | | | | | | | | | | | |
      -   -   -   -     -
```

```
F3-16  5:7:8:12  1.102  A3,D#3,F3,C4
N   |   |   |   |   |   |   |   O   |   |   |   |
N   |   |   |   |   |   O   |   |   |   |   |   |
N   |   |   |   |   |   |   |   O   |   |   |   |
N   |   |   |   |   |   |   O   |   |   |   |   |
X   |   |   |   |   |   |   |   |   |   |   |   |
X   |   |   |   |   |   |   |   |   |   |   |   |
            -       -       -       -           -

F3-17  6:5:10:16  1.058  C2,A2,A3,F3
X   |   |   |   |   |   |   |   |   |   |   |   |
X   |   |   |   |   |   |   |   |   |   |   |   |
N   |   |   |   |   |   |   |   |   |   O   |   |
N   |   |   |   |   |   |   O   |   |   |   |   |
O   |   |   |   |   |   |   |   |   |   |   |   |
N   |   |   |   |   |   |   |   O   |   |   |   |
            -       -       -       -           -

F3-19  6:5:12:16  1.025  C2,A2,C3,F3
X   |   |   |   |   |   |   |   |   |   |   |   |
X   |   |   |   |   |   |   |   |   |   |   |   |
N   |   |   |   |   |   |   |   |   |   O   |   |
N   |   |   |   |   |   |   |   |   |   O   |   |
O   |   |   |   |   |   |   |   |   |   |   |   |
N   |   |   |   |   |   |   |   O   |   |   |   |
            -       -       -       -           -

F3-20  5:8:10:12  1.017  A3,F3,A4,C4
N   |   |   |   |   |   |   |   O   |   |   |   |
N   |   |   |   |   |   |   |   |   |   O   |   |
N   |   |   |   |   |   |   |   |   |   O   |   |
N   |   |   |   |   |   |   O   |   |   |   |   |
X   |   |   |   |   |   |   |   |   |   |   |   |
X   |   |   |   |   |   |   |   |   |   |   |   |
            -       -       -       -           -

F3-21  5:10:12:16:20  0.992  A2,A3,C3,F3,A4
N   |   |   |   |   O   |   |   |   |   |   |   |
N   |   |   |   |   |   O   |   |   |   |   |   |
N   |   |   |   |   O   |   |   |   |   |   |   |
N   |   |   |   |   |   |   O   |   |   |   |   |
O   |   |   |   |   |   |   |   |   |   |   |   |
X   |   |   |   |   |   |   |   |   |   |   |   |
            -       -       -       -           -
```

F3-22 7:5:12:16 0.977 D#2,A2,C3,F3

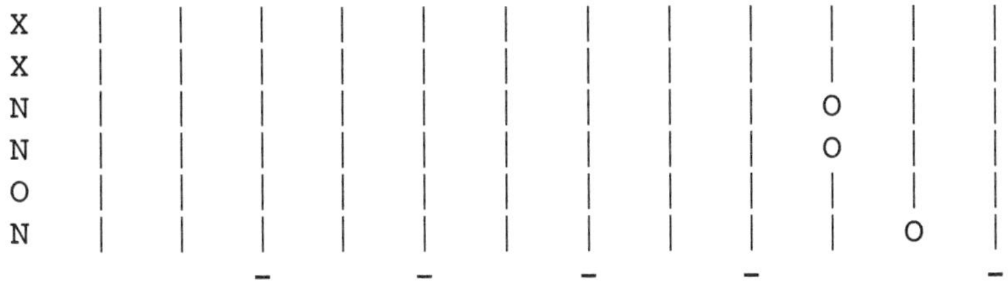

F3-24 5:10:14:16:20 0.968 A2,A3,D#3,F3,A4

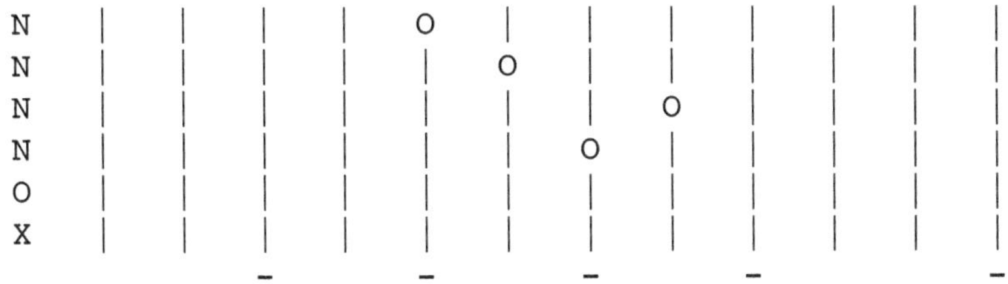

F3-25 5:10:12:16 0.892 A2,A3,C3,F3

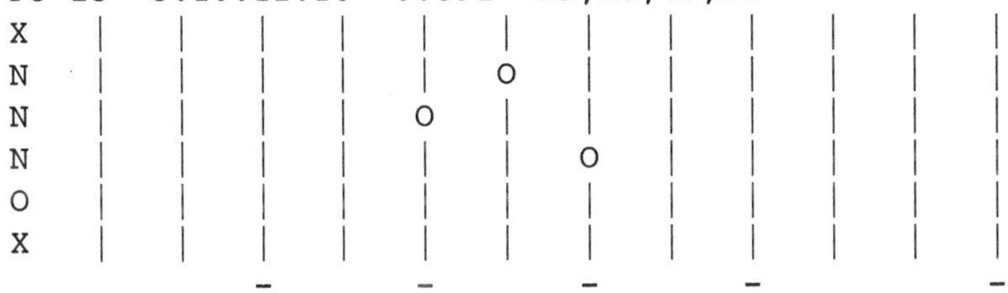

F3-26 5:10:14:16 0.868 A2,A3,D#3,F3

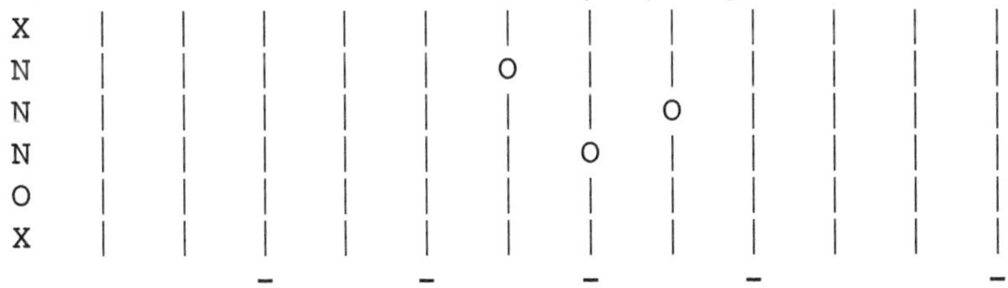

F3-28 5:10:16:20 0.825 A2,A3,F3,A4

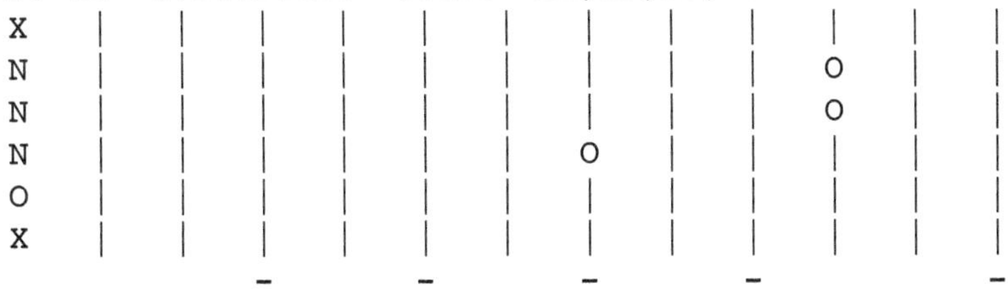

```
F3-30  5:12:16:20  0.792  A2,C3,F3,A4
X   |   |   |   |   |   |   |   |   |   |   |   |
N   |   |   |   |   |   |   |   |   |   O   |   |
N   |   |   |   |   |   |   |   |   |   O   |   |
N   |   |   |   |   |   |   |   |   |   O   |   |
O   |   |   |   |   |   |   |   |   |   |   |   |
X   |   |   |   |   |   |   |   |   |   |   |   |
            -       -       -       -           -

F3-31  7:10:12:16  0.777  D#2,A3,C3,F3
X   |   |   |   |   |   |   |   |   |   |   |   |
X   |   |   |   |   |   |   |   |   |   |   |   |
N   |   |   |   |   |   |   |   |   |   O   |   |
N   |   |   |   |   |   |   |   |   |   O   |   |
N   |   |   |   |   |   |   |   |   |   |   |   O
N   |   |   |   |   |   |   |   |   |   |   O   |
            -       -       -       -           -

F3-32  7:10:12:16  0.777  D#2,A3,C3,F3
X   |   |   |   |   |   |   |   |   |   |   |   |
N   |   |   |   |   |   O   |   |   |   |   |   |
N   |   |   |   |   O   |   |   |   |   |   |   |
N   |   |   |   |   |   |   O   |   |   |   |   |
N   |   |   |   |   |   O   |   |   |   |   |   |
X   |   |   |   |   |   |   |   |   |   |   |   |
            -       -       -       -           -

F3-33  7:10:12:16  0.777  D#2,A3,C3,F3
N   O   |   |   |   |   |   |   |   |   |   |   |
N   O   |   |   |   |   |   |   |   |   |   |   |
N   |   O   |   |   |   |   |   |   |   |   |   |
N   O   |   |   |   |   |   |   |   |   |   |   |
X   |   |   |   |   |   |   |   |   |   |   |   |
X   |   |   |   |   |   |   |   |   |   |   |   |
            -       -       -       -           -

F3-34  7:10:14:16  0.754  D#2,A3,D#3,F3
X   |   |   |   |   |   |   |   |   |   |   |   |
N   |   |   |   |   |   O   |   |   |   |   |   |
N   |   |   |   |   |   |   |   O   |   |   |   |
N   |   |   |   |   |   |   O   |   |   |   |   |
N   |   |   |   |   |   O   |   |   |   |   |   |
X   |   |   |   |   |   |   |   |   |   |   |   |
            -       -       -       -           -
```

```
G#3-1  3:4:6  1.5  D#3,G#3,D#4
N   |   |   |   |   |   |   |   |   |   |   O   |
N   |   |   |   |   |   |   |   |   O   |   |   |
N   |   |   |   |   |   |   |   O   |   |   |   |
X   |   |   |   |   |   |   |   |   |   |   |   |
X   |   |   |   |   |   |   |   |   |   |   |   |
X   |   |   |   |   |   |   |   |   |   |   |   |
            -       -       -       -           -

G#3-2  6:8:9  0.806  D#3,G#3,A#4
N   |   |   |   |   |   O   |   |   |   |   |   |
N   |   |   |   |   |   |   |   |   O   |   |   |
N   |   |   |   |   |   |   |   O   |   |   |   |
X   |   |   |   |   |   |   |   |   |   |   |   |
X   |   |   |   |   |   |   |   |   |   |   |   |
X   |   |   |   |   |   |   |   |   |   |   |   |
            -       -       -       -           -

A3-2  8:9:12  0.639  A3,B3,E3
O   |   |   |   |   |   |   |   |   |   |   |   |
O   |   |   |   |   |   |   |   |   |   |   |   |
N   |   O   |   |   |   |   |   |   |   |   |   |
X   |   |   |   |   |   |   |   |   |   |   |   |
X   |   |   |   |   |   |   |   |   |   |   |   |
X   |   |   |   |   |   |   |   |   |   |   |   |
            -       -       -       -           -

B3-1  1:1:2  5.0  B3,B3,B4
N   |   |   |   |   |   |   O   |   |   |   |   |
O   |   |   |   |   |   |   |   |   |   |   |   |
N   |   |   |   O   |   |   |   |   |   |   |   |
X   |   |   |   |   |   |   |   |   |   |   |   |
X   |   |   |   |   |   |   |   |   |   |   |   |
X   |   |   |   |   |   |   |   |   |   |   |   |
            -       -       -       -           -

B3-2  2:2:3  2.667  B3,B3,F#3
N   |   O   |   |   |   |   |   |   |   |   |   |
O   |   |   |   |   |   |   |   |   |   |   |   |
N   |   |   |   O   |   |   |   |   |   |   |   |
X   |   |   |   |   |   |   |   |   |   |   |   |
X   |   |   |   |   |   |   |   |   |   |   |   |
X   |   |   |   |   |   |   |   |   |   |   |   |
            -       -       -       -           -
```

```
B3-3  3:2:5  2.067  F#3,B3,D#4
N  |  |  |  |  |  |  |  |  |  |  O  |
O  |  |  |  |  |  |  |  |  |  |  |  |
N  |  |  |  |  |  |  |  |  |  |  O  |
X  |  |  |  |  |  |  |  |  |  |  |  |
X  |  |  |  |  |  |  |  |  |  |  |  |
X  |  |  |  |  |  |  |  |  |  |  |  |
         -     -     -     -        -

B3-4  5:4:8  1.15  D#3,B3,B4
N  |  |  |  |  |  |  O  |  |  |  |  |
O  |  |  |  |  |  |  |  |  |  |  |  |
N  |  |  |  |  |  |  |  O  |  |  |  |
X  |  |  |  |  |  |  |  |  |  |  |  |
X  |  |  |  |  |  |  |  |  |  |  |  |
X  |  |  |  |  |  |  |  |  |  |  |  |
         -     -     -     -        -

B3-5  5:4:10  1.1  D#3,B3,D#4
N  |  |  |  |  |  |  |  |  |  |  O  |
O  |  |  |  |  |  |  |  |  |  |  |  |
N  |  |  |  |  |  |  |  O  |  |  |  |
X  |  |  |  |  |  |  |  |  |  |  |  |
X  |  |  |  |  |  |  |  |  |  |  |  |
X  |  |  |  |  |  |  |  |  |  |  |  |
         -     -     -     -        -
```

Four non-lush clearly rooted chords

```
A2  9:8:18:24  0.667  B2,A2,B3,E3
X   |   |   |   |   |   |   |   |   |   |   |   |
X   |   |   |   |   |   |   |   |   |   |   |   |
N   |   |   |   |   |   |   |   |   O   |   |   |
N   |   |   |   |   |   |   |   |   O   |   |   |
O   |   |   |   |   |   |   |   |   |   |   |   |
N   |   |   |   |   |   |   O   |   |   |   |   |
            -       -       -       -           -

A2  12:16:32:36:45  0.454  E1,A2,A3,B3,D#3
X   |   |   |   |   |   |   |   |   |   |   |   |
N   |   |   |   O   |   |   |   |   |   |   |   |
N   |   |   |   O   |   |   |   |   |   |   |   |
N   |   |   |   |   |   |   O   |   |   |   |   |
O   |   |   |   |   |   |   |   |   |   |   |   |
O   |   |   |   |   |   |   |   |   |   |   |   |
            -       -       -       -           -

A2  12:16:32:45:36  0.454  E1,A2,A3,D#3,B3
X   |   |   |   |   |   |   |   |   |   |   |   |
O   |   |   |   |   |   |   |   |   |   |   |   |
N   |   |   |   |   |   |   |   O   |   |   |   |
N   |   |   |   |   |   |   O   |   |   |   |   |
O   |   |   |   |   |   |   |   |   |   |   |   |
O   |   |   |   |   |   |   |   |   |   |   |   |
            -       -       -       -           -

A2  12:16:36:45:36  0.447  E1,A2,B3,D#3,B3
X   |   |   |   |   |   |   |   |   |   |   |   |
O   |   |   |   |   |   |   |   |   |   |   |   |
N   |   |   |   |   |   |   |   O   |   |   |   |
N   |   |   |   |   |   |   |   |   O   |   |   |
O   |   |   |   |   |   |   |   |   |   |   |   |
O   |   |   |   |   |   |   |   |   |   |   |   |
            -       -       -       -           -
```

Six-note jazz chords

```
6-3  15:20:30:40:48:60  0.425  E1,A2,E2,A3,C3,E3
O   |   |   |   |   |   |   |   |   |   |   |   |
N   O   |   |   |   |   |   |   |   |   |   |   |
N   |   O   |   |   |   |   |   |   |   |   |   |
N   |   O   |   |   |   |   |   |   |   |   |   |
O   |   |   |   |   |   |   |   |   |   |   |   |
O   |   |   |   |   |   |   |   |   |   |   |   |
            -       -       -       -           -

6-25  15:24:30:40:48:60  0.408  E1,C2,E2,A3,C3,E3
O   |   |   |   |   |   |   |   |   |   |   |   |
N   O   |   |   |   |   |   |   |   |   |   |   |
N   |   O   |   |   |   |   |   |   |   |   |   |
N   |   O   |   |   |   |   |   |   |   |   |   |
N   |   |   O   |   |   |   |   |   |   |   |   |
O   |   |   |   |   |   |   |   |   |   |   |   |
            -       -       -       -           -

6-56  10:20:25:32:40:40  0.543  E1,E2,G#2,C3,E3,E3
O   |   |   |   |   |   |   |   |   |   |   |   |
N   |   |   |   |   O   |   |   |   |   |   |   |
N   |   |   |   |   O   |   |   |   |   |   |   |
N   |   |   |   |   |   O   |   |   |   |   |   |
N   |   |   |   |   |   |   O   |   |   |   |   |
O   |   |   |   |   |   |   |   |   |   |   |   |
            -       -       -       -           -

6-106  5:7:10:14:14:20  1.271  F1,B2,F2,B3,B3,F3
N   O   |   |   |   |   |   |   |   |   |   |   |
O   |   |   |   |   |   |   |   |   |   |   |   |
N   |   |   |   O   |   |   |   |   |   |   |   |
N   |   |   O   |   |   |   |   |   |   |   |   |
N   |   O   |   |   |   |   |   |   |   |   |   |
N   O   |   |   |   |   |   |   |   |   |   |   |
            -       -       -       -           -
```

```
6-142 10:15:20:24:30:40 0.63 G#1,D#2,G#2,B3,D#3,G#3
N  |  |  |  O  |  |  |  |  |  |  |  |
N  |  |  |  O  |  |  |  |  |  |  |  |
N  |  |  |  O  |  |  |  |  |  |  |  |
N  |  |  |  |  |  O  |  |  |  |  |  |
N  |  |  |  |  |  O  |  |  |  |  |  |
N  |  |  |  O  |  |  |  |  |  |  |  |
         -     -     -     -        -

6-143 10:15:20:24:36:40 0.62 G#1,D#2,G#2,B3,F#3,G#3
N  |  |  |  O  |  |  |  |  |  |  |  |
N  |  |  |  |  |  |  O  |  |  |  |  |
N  |  |  |  O  |  |  |  |  |  |  |  |
N  |  |  |  |  |  O  |  |  |  |  |  |
N  |  |  |  |  |  O  |  |  |  |  |  |
N  |  |  |  O  |  |  |  |  |  |  |  |
         -     -     -     -        -

6-153  5:5:10:12:15:15  1.433  A2,A2,A3,C3,E3,E3
O  |  |  |  |  |  |  |  |  |  |  |  |
N  |  |  |  |  O  |  |  |  |  |  |  |
N  |  |  |  |  O  |  |  |  |  |  |  |
N  |  |  |  |  |  |  O  |  |  |  |  |
O  |  |  |  |  |  |  |  |  |  |  |  |
N  |  |  |  |  O  |  |  |  |  |  |  |
         -     -     -     -        -

6-154  5:5:10:12:15:20  1.4  A2,A2,A3,C3,E3,A4
N  |  |  |  |  O  |  |  |  |  |  |  |
N  |  |  |  |  O  |  |  |  |  |  |  |
N  |  |  |  |  O  |  |  |  |  |  |  |
N  |  |  |  |  |  |  O  |  |  |  |  |
O  |  |  |  |  |  |  |  |  |  |  |  |
N  |  |  |  |  O  |  |  |  |  |  |  |
         -     -     -     -        -

6-164  10:15:20:24:30:30  0.65  A2,E2,A3,C3,E3,E3
O  |  |  |  |  |  |  |  |  |  |  |  |
N  |  |  |  |  O  |  |  |  |  |  |  |
N  |  |  |  |  O  |  |  |  |  |  |  |
N  |  |  |  |  |  |  O  |  |  |  |  |
N  |  |  |  |  |  |  O  |  |  |  |  |
N  |  |  |  |  O  |  |  |  |  |  |  |
         -     -     -     -        -
```

```
6-165  10:15:20:24:30:40  0.633  A2,E2,A3,C3,E3,A4
N   |   |   |   |   O   |   |   |   |   |   |   |
N   |   |   |   |   O   |   |   |   |   |   |   |
N   |   |   |   |   O   |   |   |   |   |   |   |
N   |   |   |   |   |   |   O   |   |   |   |   |
N   |   |   |   |   |   |   O   |   |   |   |   |
N   |   |   |   |   O   |   |   |   |   |   |   |
            -       -       -       -           -

6-173  12:15:20:24:30:40  0.6 B2,D#2,G#2,B3,D#3,G#3
N   |   |   |   O   |   |   |   |   |   |   |   |
N   |   |   |   O   |   |   |   |   |   |   |   |
N   |   |   |   O   |   |   |   |   |   |   |   |
N   |   |   |   |   |   O   |   |   |   |   |   |
N   |   |   |   |   |   O   |   |   |   |   |   |
N   |   |   |   |   |   |   O   |   |   |   |   |
            -       -       -       -           -

6-174 12:15:20:30:36:45 0.57 B2,D#2,G#2,D#3,F#3,A#4
N   |   |   |   |   |   O   |   |   |   |   |   |
N   |   |   |   |   |   |   O   |   |   |   |   |
N   |   |   |   |   |   |   |   O   |   |   |   |
N   |   |   |   |   |   O   |   |   |   |   |   |
N   |   |   |   |   |   O   |   |   |   |   |   |
N   |   |   |   |   |   |   O   |   |   |   |   |
            -       -       -       -           -

6-175 12:15:20:30:40:45 0.56 B2,D#2,G#2,D#3,G#3,A#4
N   |   |   |   |   |   O   |   |   |   |   |   |
N   |   |   |   |   |   |   |   |   O   |   |   |
N   |   |   |   |   |   |   |   O   |   |   |   |
N   |   |   |   |   |   O   |   |   |   |   |   |
N   |   |   |   |   |   O   |   |   |   |   |   |
N   |   |   |   |   |   |   O   |   |   |   |   |
            -       -       -       -           -

6-196  14:20:28:35:28:56  0.479 B2,F2,B3,D#3,B3,B4
N   |   |   |   |   |   |   O   |   |   |   |   |
O   |   |   |   |   |   |   |   |   |   |   |   |
N   |   |   |   |   |   |   |   O   |   |   |   |
N   |   |   |   |   |   |   |   |   O   |   |   |
N   |   |   |   |   |   |   |   O   |   |   |   |
N   |   |   |   |   |   |   O   |   |   |   |   |
            -       -       -       -           -
```

```
6-207  6:5:10:12:15:20  1.333  C2,A2,A3,C3,E3,A4
N   |   |   |   |   O   |   |   |   |   |   |   |
N   |   |   |   |   O   |   |   |   |   |   |   |
N   |   |   |   |   O   |   |   |   |   |   |   |
N   |   |   |   |   |   |   O   |   |   |   |   |
O   |   |   |   |   |   |   |   |   |   |   |   |
N   |   |   |   |   |   |   |   O   |   |   |   |
            -       -       -       -           -

6-210  6:5:10:15:20:15  1.3  C2,A2,A3,E3,A4,E3
O   |   |   |   |   |   |   |   |   |   |   |   |
N   |   |   |   |   |   |   |   |   |   O   |   |
N   |   |   |   |   |   |   |   |   O   |   |   |
N   |   |   |   |   |   |   O   |   |   |   |   |
O   |   |   |   |   |   |   |   |   |   |   |   |
N   |   |   |   |   |   |   |   O   |   |   |   |
            -       -       -       -           -

6-213  6:5:12:15:20:15  1.267  C2,A2,C3,E3,A4,E3
O   |   |   |   |   |   |   |   |   |   |   |   |
N   |   |   |   |   |   |   |   |   |   O   |   |
N   |   |   |   |   |   |   |   |   O   |   |   |
N   |   |   |   |   |   |   |   |   |   O   |   |
O   |   |   |   |   |   |   |   |   |   |   |   |
N   |   |   |   |   |   |   |   O   |   |   |   |
            -       -       -       -           -

6-216  12:15:20:24:30:40  0.6  C2,E2,A3,C3,E3,A4
N   |   |   |   |   O   |   |   |   |   |   |   |
N   |   |   |   |   O   |   |   |   |   |   |   |
N   |   |   |   |   O   |   |   |   |   |   |   |
N   |   |   |   |   |   |   O   |   |   |   |   |
N   |   |   |   |   |   |   O   |   |   |   |   |
N   |   |   |   |   |   |   |   O   |   |   |   |
            -       -       -       -           -

6-220  12:15:20:30:40:30  0.583  C2,E2,A3,E3,A4,E3
O   |   |   |   |   |   |   |   |   |   |   |   |
N   |   |   |   |   |   |   |   |   |   O   |   |
N   |   |   |   |   |   |   |   |   O   |   |   |
N   |   |   |   |   |   |   O   |   |   |   |   |
N   |   |   |   |   |   |   O   |   |   |   |   |
N   |   |   |   |   |   |   |   O   |   |   |   |
            -       -       -       -           -
```

```
6-221  12:15:20:30:40:45  0.561  C2,E2,A3,E3,A4,B4
N    |   |   |   |   |   |   O   |   |   |   |   |
N    |   |   |   |   |   |   |   |   |   O   |   |
N    |   |   |   |   |   |   |   |   O   |   |   |
N    |   |   |   |   |   |   O   |   |   |   |   |
N    |   |   |   |   |   |   O   |   |   |   |   |
N    |   |   |   |   |   |   |   O   |   |   |   |
             -       -       -       -           -

6-222  12:15:20:30:40:48  0.558  C2,E2,A3,E3,A4,C4
N    |   |   |   |   |   |   |   O   |   |   |   |
N    |   |   |   |   |   |   |   |   |   O   |   |
N    |   |   |   |   |   |   |   |   O   |   |   |
N    |   |   |   |   |   |   O   |   |   |   |   |
N    |   |   |   |   |   |   O   |   |   |   |   |
N    |   |   |   |   |   |   |   O   |   |   |   |
             -       -       -       -           -
```

Five-note Jazz Chords

```
5-29  15:21:30:35:42  0.4  F1,B2,F2,G#2,B3
X   |   |   |   |   |   |   |   |   |   |   |   |
O   |   |   |   |   |   |   |   |   |   |   |   |
N   O   |   |   |   |   |   |   |   |   |   |   |
N   |   |   O   |   |   |   |   |   |   |   |   |
N   |   O   |   |   |   |   |   |   |   |   |   |
N   O   |   |   |   |   |   |   |   |   |   |   |
            -       -       -       -           -

5-30  5:7:10:14:14  1.171  F1,B2,F2,B3,B3
X   |   |   |   |   |   |   |   |   |   |   |   |
O   |   |   |   |   |   |   |   |   |   |   |   |
N   |   |   |   O   |   |   |   |   |   |   |   |
N   |   |   O   |   |   |   |   |   |   |   |   |
N   |   O   |   |   |   |   |   |   |   |   |   |
N   O   |   |   |   |   |   |   |   |   |   |   |
            -       -       -       -           -

5-31  10:14:20:28:35  0.571  F1,B2,F2,B3,D#3
X   |   |   |   |   |   |   |   |   |   |   |   |
N   |   |   |   O   |   |   |   |   |   |   |   |
N   |   |   |   O   |   |   |   |   |   |   |   |
N   |   |   O   |   |   |   |   |   |   |   |   |
N   |   O   |   |   |   |   |   |   |   |   |   |
N   O   |   |   |   |   |   |   |   |   |   |   |
            -       -       -       -           -

5-41  5:6:9:12:12  1.289  G#1,B2,F#2,B3,B3
X   |   |   |   |   |   |   |   |   |   |   |   |
O   |   |   |   |   |   |   |   |   |   |   |   |
N   |   |   |   O   |   |   |   |   |   |   |   |
N   |   |   |   O   |   |   |   |   |   |   |   |
N   |   O   |   |   |   |   |   |   |   |   |   |
N   |   |   |   O   |   |   |   |   |   |   |   |
            -       -       -       -           -
```

```
5-42  5:6:9:12:15  1.256  G#1,B2,F#2,B3,D#3
X   |   |   |   |   |   |   |   |   |   |   |   |
N   |   |   |   O   |   |   |   |   |   |   |   |
N   |   |   |   O   |   |   |   |   |   |   |   |
N   |   |   |   O   |   |   |   |   |   |   |   |
N   |   O   |   |   |   |   |   |   |   |   |   |
N   |   |   |   O   |   |   |   |   |   |   |   |
            -       -       -       -           -

5-45  10:15:18:24:30  0.594  G#1,D#2,F#2,B3,D#3
X   |   |   |   |   |   |   |   |   |   |   |   |
N   |   |   |   O   |   |   |   |   |   |   |   |
N   |   |   |   O   |   |   |   |   |   |   |   |
N   |   |   |   O   |   |   |   |   |   |   |   |
N   |   |   |   |   |   O   |   |   |   |   |   |
N   |   |   |   O   |   |   |   |   |   |   |   |
            -       -       -       -           -

5-46  10:15:18:24:36  0.583  G#1,D#2,F#2,B3,F#3
X   |   |   |   |   |   |   |   |   |   |   |   |
N   |   |   |   |   |   |   O   |   |   |   |   |
N   |   |   |   O   |   |   |   |   |   |   |   |
N   |   |   |   O   |   |   |   |   |   |   |   |
N   |   |   |   |   |   O   |   |   |   |   |   |
N   |   |   |   O   |   |   |   |   |   |   |   |
            -       -       -       -           -

5-47  10:15:20:24:24  0.6  G#1,D#2,G#2,B3,B3
X   |   |   |   |   |   |   |   |   |   |   |   |
O   |   |   |   |   |   |   |   |   |   |   |   |
N   |   |   |   O   |   |   |   |   |   |   |   |
N   |   |   |   |   |   O   |   |   |   |   |   |
N   |   |   |   |   |   O   |   |   |   |   |   |
N   |   |   |   O   |   |   |   |   |   |   |   |
            -       -       -       -           -

5-48  10:15:20:24:30  0.583  G#1,D#2,G#2,B3,D#3
X   |   |   |   |   |   |   |   |   |   |   |   |
N   |   |   |   O   |   |   |   |   |   |   |   |
N   |   |   |   O   |   |   |   |   |   |   |   |
N   |   |   |   |   |   O   |   |   |   |   |   |
N   |   |   |   |   |   O   |   |   |   |   |   |
N   |   |   |   O   |   |   |   |   |   |   |   |
            -       -       -       -           -
```

```
5-49  10:15:20:24:36  0.572  G#1,D#2,G#2,B3,F#3
X    |   |   |   |   |   |   |   |   |   |   |   |
N    |   |   |   |   |   |   O   |   |   |   |   |
N    |   |   |   O   |   |   |   |   |   |   |   |
N    |   |   |   |   |   O   |   |   |   |   |   |
N    |   |   |   |   |   O   |   |   |   |   |   |
N    |   |   |   O   |   |   |   |   |   |   |   |
             -       -       -       -           -

5-52  5:5:10:12:14  1.31  A2,A2,A3,C3,D#3
X    |   |   |   |   |   |   |   |   |   |   |   |
N    |   |   |   O   |   |   |   |   |   |   |   |
N    |   |   |   |   O   |   |   |   |   |   |   |
N    |   |   |   |   |   |   O   |   |   |   |   |
O    |   |   |   |   |   |   |   |   |   |   |   |
N    |   |   |   |   O   |   |   |   |   |   |   |
             -       -       -       -           -

5-56  10:12:15:20:30  0.667  A2,C2,E2,A3,E3
X    |   |   |   |   |   |   |   |   |   |   |   |
N    |   |   |   |   O   |   |   |   |   |   |   |
N    |   O   |   |   |   |   |   |   |   |   |   |
N    |   O   |   |   |   |   |   |   |   |   |   |
N    |   |   O   |   |   |   |   |   |   |   |   |
N    |   |   |   |   O   |   |   |   |   |   |   |
             -       -       -       -           -

5-58  5:7:10:12:14  1.195  A2,D#2,A3,C3,D#3
X    |   |   |   |   |   |   |   |   |   |   |   |
N    |   |   |   O   |   |   |   |   |   |   |   |
N    |   |   |   |   O   |   |   |   |   |   |   |
N    |   |   |   |   |   |   O   |   |   |   |   |
N    |   |   |   |   |   O   |   |   |   |   |   |
N    |   |   |   |   O   |   |   |   |   |   |   |
             -       -       -       -           -

5-62  10:15:20:24:30  0.583  A2,E2,A3,C3,E3
X    |   |   |   |   |   |   |   |   |   |   |   |
N    |   |   |   |   O   |   |   |   |   |   |   |
N    |   |   |   |   O   |   |   |   |   |   |   |
N    |   |   |   |   |   |   O   |   |   |   |   |
N    |   |   |   |   |   |   O   |   |   |   |   |
N    |   |   |   |   O   |   |   |   |   |   |   |
             -       -       -       -           -
```

```
5-71  12:15:20:24:24  0.567  B2,D#2,G#2,B3,B3
X | | | | | | | | | | | |
O | | | | | | | | | | | |
N | | | O | | | | | | | |
N | | | | | O | | | | | |
N | | | | | O | | | | | |
N | | | | | | O | | | | |
      -   -   -   -     -
```

```
5-72  12:15:20:24:30  0.55  B2,D#2,G#2,B3,D#3
X | | | | | | | | | | | |
N | | | O | | | | | | | |
N | | | O | | | | | | | |
N | | | | | O | | | | | |
N | | | | | O | | | | | |
N | | | | | | O | | | | |
      -   -   -   -     -
```

```
5-73  12:15:20:30:24  0.55  B2,D#2,G#2,D#3,B3
X | | | | | | | | | | | |
O | | | | | | | | | | | |
N | | | | | | | O | | | |
N | | | | | O | | | | | |
N | | | | | O | | | | | |
N | | | | | | O | | | | |
      -   -   -   -     -
```

```
5-74  12:15:20:30:34  0.525  B2,D#2,G#2,D#3,F3
X | | | | | | | | | | | |
N | | | | | O | | | | | |
N | | | | | | | O | | | |
N | | | | | O | | | | | |
N | | | | | O | | | | | |
N | | | | | | O | | | | |
      -   -   -   -     -
```

```
5-75  12:15:20:30:36  0.522  B2,D#2,G#2,D#3,F#3
X | | | | | | | | | | | |
N | | | | | | O | | | | |
N | | | | | | | O | | | |
N | | | | | O | | | | | |
N | | | | | O | | | | | |
N | | | | | | O | | | | |
      -   -   -   -     -
```

```
5-76  12:15:20:30:40  0.517  B2,D#2,G#2,D#3,G#3
X   |   |   |   |   |   |   |   |   |   |   |   |
N   |   |   |   |   |   |   |   |   O   |   |   |
N   |   |   |   |   |   |   |   O   |   |   |   |
N   |   |   |   |   |   O   |   |   |   |   |   |
N   |   |   |   |   |   O   |   |   |   |   |   |
N   |   |   |   |   |   |   O   |   |   |   |   |
            -       -       -       -           -
```

```
5-77  12:15:24:30:34  0.509  B2,D#2,B3,D#3,F3
X   |   |   |   |   |   |   |   |   |   |   |   |
N   |   |   |   |   |   O   |   |   |   |   |   |
N   |   |   |   |   |   |   |   O   |   |   |   |
N   |   |   |   |   |   |   |   |   O   |   |   |
N   |   |   |   |   |   O   |   |   |   |   |   |
N   |   |   |   |   |   |   O   |   |   |   |   |
            -       -       -       -           -
```

```
5-83  6:9:10:15:12  1.056  B2,F#2,G#2,D#3,B3
X   |   |   |   |   |   |   |   |   |   |   |   |
O   |   |   |   |   |   |   |   |   |   |   |   |
N   |   |   |   |   |   |   |   O   |   |   |   |
N   |   |   |   |   |   O   |   |   |   |   |   |
N   |   |   |   |   |   |   |   |   O   |   |   |
N   |   |   |   |   |   |   O   |   |   |   |   |
            -       -       -       -           -
```

```
5-88  6:5:10:12:15  1.233  C2,A2,A3,C3,E3
X   |   |   |   |   |   |   |   |   |   |   |   |
N   |   |   |   |   O   |   |   |   |   |   |   |
N   |   |   |   |   O   |   |   |   |   |   |   |
N   |   |   |   |   |   |   O   |   |   |   |   |
O   |   |   |   |   |   |   |   |   |   |   |   |
N   |   |   |   |   |   |   |   O   |   |   |   |
            -       -       -       -           -
```

```
5-90  6:5:10:14:20  1.176  C2,A2,A3,D#3,A4
X   |   |   |   |   |   |   |   |   |   |   |   |
N   |   |   |   |   |   |   |   |   |   O   |   |
N   |   |   |   |   |   |   |   O   |   |   |   |
N   |   |   |   |   |   |   O   |   |   |   |   |
O   |   |   |   |   |   |   |   |   |   |   |   |
N   |   |   |   |   |   |   |   O   |   |   |   |
            -       -       -       -           -
```

```
5-92  6:5:12:14:20  1.143  C2,A2,C3,D#3,A4
X   |   |   |   |   |   |   |   |   |   |   |   |
N   |   |   |   |   |   |   |   |   |   O   |   |
N   |   |   |   |   |   |   |   O   |   |   |   |
N   |   |   |   |   |   |   |   |   |   O   |   |
O   |   |   |   |   |   |   |   |   |   |   |   |
N   |   |   |   |   |   |   |   O   |   |   |   |
            -       -       -       -           -
```

```
5-93  6:5:12:15:20  1.133  C2,A2,C3,E3,A4
X   |   |   |   |   |   |   |   |   |   |   |   |
N   |   |   |   |   |   |   |   |   |   O   |   |
N   |   |   |   |   |   |   |   |   O   |   |   |
N   |   |   |   |   |   |   |   |   |   O   |   |
O   |   |   |   |   |   |   |   |   |   |   |   |
N   |   |   |   |   |   |   |   O   |   |   |   |
            -       -       -       -           -
```

```
5-95  12:15:20:24:30  0.55  C2,E2,A3,C3,E3
X   |   |   |   |   |   |   |   |   |   |   |   |
N   |   |   |   |   O   |   |   |   |   |   |   |
N   |   |   |   |   O   |   |   |   |   |   |   |
N   |   |   |   |   |   |   O   |   |   |   |   |
N   |   |   |   |   |   |   O   |   |   |   |   |
N   |   |   |   |   |   |   |   O   |   |   |   |
            -       -       -       -           -
```

```
5-95  15:21:30:35:42  0.4  C2,F#2,C3,D#3,F#3
X   |   |   |   |   |   |   |   |   |   |   |   |
N   |   |   |   |   |   |   O   |   |   |   |   |
N   |   |   |   |   |   |   |   O   |   |   |   |
N   |   |   |   |   |   |   |   |   |   O   |   |
N   |   |   |   |   |   |   |   |   O   |   |   |
N   |   |   |   |   |   |   |   O   |   |   |   |
            -       -       -       -           -
```

```
5-96  10:14:20:28:35  0.571  C2,F#2,C3,F#3,A#4
X   |   |   |   |   |   |   |   |   |   |   |   |
N   |   |   |   |   |   |   |   |   |   |   O   |
N   |   |   |   |   |   |   |   |   |   |   O   |
N   |   |   |   |   |   |   |   |   |   O   |   |
N   |   |   |   |   |   |   |   |   O   |   |   |
N   |   |   |   |   |   |   |   O   |   |   |   |
            -       -       -       -           -
```

```
5-103  10:15:20:24:30  0.583  A2,E2,A3,C3,E3
O   |   |   |   |   |   |   |   |   |   |   |   |
N   O   |   |   |   |   |   |   |   |   |   |   |
N   |   O   |   |   |   |   |   |   |   |   |   |
N   |   O   |   |   |   |   |   |   |   |   |   |
O   |   |   |   |   |   |   |   |   |   |   |   |
X   |   |   |   |   |   |   |   |   |   |   |   |
            -       -       -       -           -

5-106  10:15:24:30:30  0.55  A2,E2,C3,E3,E3
O   |   |   |   |   |   |   |   |   |   |   |   |
N   |   |   |   |   O   |   |   |   |   |   |   |
N   |   |   |   |   O   |   |   |   |   |   |   |
N   |   O   |   |   |   |   |   |   |   |   |   |
O   |   |   |   |   |   |   |   |   |   |   |   |
X   |   |   |   |   |   |   |   |   |   |   |   |
            -       -       -       -           -

5-108  10:15:24:30:40  0.533  A2,E2,C3,E3,A4
N   |   |   |   |   O   |   |   |   |   |   |   |
N   |   |   |   |   O   |   |   |   |   |   |   |
N   |   |   |   |   O   |   |   |   |   |   |   |
N   |   O   |   |   |   |   |   |   |   |   |   |
O   |   |   |   |   |   |   |   |   |   |   |   |
X   |   |   |   |   |   |   |   |   |   |   |   |
            -       -       -       -           -

5-109  5:8:10:14:16  1.118  A2,F2,A3,D#3,F3
N   O   |   |   |   |   |   |   |   |   |   |   |
N   |   |   |   O   |   |   |   |   |   |   |   |
N   |   O   |   |   |   |   |   |   |   |   |   |
N   |   |   O   |   |   |   |   |   |   |   |   |
O   |   |   |   |   |   |   |   |   |   |   |   |
X   |   |   |   |   |   |   |   |   |   |   |   |
            -       -       -       -           -

5-120  5:10:12:15:15  1.033  A2,A3,C3,E3,E3
O   |   |   |   |   |   |   |   |   |   |   |   |
N   |   |   |   |   O   |   |   |   |   |   |   |
N   |   |   |   |   O   |   |   |   |   |   |   |
N   |   |   |   |   |   |   O   |   |   |   |   |
O   |   |   |   |   |   |   |   |   |   |   |   |
X   |   |   |   |   |   |   |   |   |   |   |   |
            -       -       -       -           -
```

```
5-121  5:10:12:15:20  1.0  A2,A3,C3,E3,A4
N  | | | | O | | | | | | |
N  | | | | O | | | | | | |
N  | | | | O | | | | | | |
N  | | | | | | O | | | | |
O  | | | | | | | | | | | |
X  | | | | | | | | | | | |
       -   -   -   -     -

5-130  5:12:15:20:15  0.933  A2,C3,E3,A4,E3
O  | | | | | | | | | | | |
N  | | | | | | | | | O | |
N  | | | | | | | | O | | |
N  | | | | | | | | | O | |
O  | | | | | | | | | | | |
X  | | | | | | | | | | | |
       -   -   -   -     -

5-134  12:15:20:24:34  0.542  B2,D#2,G#2,B3,F3
N  O | | | | | | | | | | |
O  | | | | | | | | | | | |
N  O | | | | | | | | | | |
N  O | | | | | | | | | | |
N  | O | | | | | | | | | |
X  | | | | | | | | | | | |
       -   -   -   -     -

5-135  12:15:20:24:36  0.539  B2,D#2,G#2,B3,F#3
N  | O | | | | | | | | | |
O  | | | | | | | | | | | |
N  O | | | | | | | | | | |
N  O | | | | | | | | | | |
N  | O | | | | | | | | | |
X  | | | | | | | | | | | |
       -   -   -   -     -

5-136  12:15:20:30:40  0.517  B2,D#2,G#2,D#3,G#3
N  | | | O | | | | | | | |
N  | | | O | | | | | | | |
N  O | | | | | | | | | | |
N  O | | | | | | | | | | |
N  | O | | | | | | | | | |
X  | | | | | | | | | | | |
       -   -   -   -     -
```

```
5-137  12:15:24:30:40  0.5  B2,D#2,B3,D#3,G#3
N   |   |   |   O   |   |   |   |   |   |   |   |
N   |   |   |   O   |   |   |   |   |   |   |   |
N   |   |   |   O   |   |   |   |   |   |   |   |
N   O   |   |   |   |   |   |   |   |   |   |   |
N   |   O   |   |   |   |   |   |   |   |   |   |
X   |   |   |   |   |   |   |   |   |   |   |   |
            -       -       -       -           -

5-139  12:15:20:24:30  0.55  C2,E2,A3,C3,E3
O   |   |   |   |   |   |   |   |   |   |   |   |
N   O   |   |   |   |   |   |   |   |   |   |   |
N   |   O   |   |   |   |   |   |   |   |   |   |
N   |   O   |   |   |   |   |   |   |   |   |   |
N   |   |   O   |   |   |   |   |   |   |   |   |
X   |   |   |   |   |   |   |   |   |   |   |   |
            -       -       -       -           -

5-140  12:15:20:30:30  0.533  C2,E2,A3,E3,E3
O   |   |   |   |   |   |   |   |   |   |   |   |
N   |   |   |   |   O   |   |   |   |   |   |   |
N   |   O   |   |   |   |   |   |   |   |   |   |
N   |   O   |   |   |   |   |   |   |   |   |   |
N   |   |   O   |   |   |   |   |   |   |   |   |
X   |   |   |   |   |   |   |   |   |   |   |   |
            -       -       -       -           -

5-142  12:15:20:30:40  0.517  C2,E2,A3,E3,A4
N   |   |   |   |   O   |   |   |   |   |   |   |
N   |   |   |   |   O   |   |   |   |   |   |   |
N   |   O   |   |   |   |   |   |   |   |   |   |
N   |   O   |   |   |   |   |   |   |   |   |   |
N   |   |   O   |   |   |   |   |   |   |   |   |
X   |   |   |   |   |   |   |   |   |   |   |   |
            -       -       -       -           -

5-143  12:15:24:30:40  0.5  C2,E2,C3,E3,A4
N   |   |   |   |   O   |   |   |   |   |   |   |
N   |   |   |   |   O   |   |   |   |   |   |   |
N   |   |   |   |   O   |   |   |   |   |   |   |
N   |   O   |   |   |   |   |   |   |   |   |   |
N   |   |   O   |   |   |   |   |   |   |   |   |
X   |   |   |   |   |   |   |   |   |   |   |   |
            -       -       -       -           -
```

```
5-144  15:21:30:35:42  0.4  C2,F#2,C3,D#3,F#3
N   |   O   |   |   |   |   |   |   |   |   |   |
N   |   |   |   O   |   |   |   |   |   |   |   |
N   |   |   |   |   O   |   |   |   |   |   |   |
N   |   |   |   O   |   |   |   |   |   |   |   |
N   |   |   O   |   |   |   |   |   |   |   |   |
X   |   |   |   |   |   |   |   |   |   |   |   |
            -       -       -       -           -

5-157  15:20:24:24:48  0.442  D#2,G#2,B3,B3,B4
N   |   |   |   |   |   |   O   |   |   |   |   |
O   |   |   |   |   |   |   |   |   |   |   |   |
N   |   |   |   O   |   |   |   |   |   |   |   |
N   |   |   |   |   |   O   |   |   |   |   |   |
N   |   |   |   |   |   O   |   |   |   |   |   |
X   |   |   |   |   |   |   |   |   |   |   |   |
            -       -       -       -           -

5-158  15:20:24:30:40  0.433  D#2,G#2,B3,D#3,G#3
N   |   |   |   O   |   |   |   |   |   |   |   |
N   |   |   |   O   |   |   |   |   |   |   |   |
N   |   |   |   O   |   |   |   |   |   |   |   |
N   |   |   |   |   |   O   |   |   |   |   |   |
N   |   |   |   |   |   O   |   |   |   |   |   |
X   |   |   |   |   |   |   |   |   |   |   |   |
            -       -       -       -           -

5-159  15:20:24:30:48  0.425  D#2,G#2,B3,D#3,B4
N   |   |   |   |   |   |   O   |   |   |   |   |
N   |   |   |   O   |   |   |   |   |   |   |   |
N   |   |   |   O   |   |   |   |   |   |   |   |
N   |   |   |   |   |   O   |   |   |   |   |   |
N   |   |   |   |   |   O   |   |   |   |   |   |
X   |   |   |   |   |   |   |   |   |   |   |   |
            -       -       -       -           -

5-160  15:20:24:36:40  0.422  D#2,G#2,B3,F#3,G#3
N   |   |   |   O   |   |   |   |   |   |   |   |
N   |   |   |   |   |   |   O   |   |   |   |   |
N   |   |   |   O   |   |   |   |   |   |   |   |
N   |   |   |   |   |   O   |   |   |   |   |   |
N   |   |   |   |   |   O   |   |   |   |   |   |
X   |   |   |   |   |   |   |   |   |   |   |   |
            -       -       -       -           -
```

```
5-161  15:20:24:36:48  0.414  D#2,G#2,B3,F#3,B4
N   |  |  |  |  |  |  O  |  |  |  |  |
N   |  |  |  |  |  |  O  |  |  |  |  |
N   |  |  |  O  |  |  |  |  |  |  |  |
N   |  |  |  |  |  O  |  |  |  |  |  |
N   |  |  |  |  |  O  |  |  |  |  |  |
X   |  |  |  |  |  |  |  |  |  |  |  |
          -     -     -     -        -

5-162  15:20:30:24:48  0.425  D#2,G#2,D#3,B3,B4
N   |  |  |  |  |  |  O  |  |  |  |  |
O   |  |  |  |  |  |  |  |  |  |  |  |
N   |  |  |  |  |  |  |  O  |  |  |  |
N   |  |  |  |  |  O  |  |  |  |  |  |
N   |  |  |  |  |  O  |  |  |  |  |  |
X   |  |  |  |  |  |  |  |  |  |  |  |
          -     -     -     -        -

5-163  15:20:30:36:45  0.4  D#2,G#2,D#3,F#3,A#4
N   |  |  |  |  |  O  |  |  |  |  |  |
N   |  |  |  |  |  |  O  |  |  |  |  |
N   |  |  |  |  |  |  |  O  |  |  |  |
N   |  |  |  |  |  O  |  |  |  |  |  |
N   |  |  |  |  |  O  |  |  |  |  |  |
X   |  |  |  |  |  |  |  |  |  |  |  |
          -     -     -     -        -

5-180  15:20:24:30:30  0.45  E2,A3,C3,E3,E3
O   |  |  |  |  |  |  |  |  |  |  |  |
N   |  |  |  |  O  |  |  |  |  |  |  |
N   |  |  |  |  O  |  |  |  |  |  |  |
N   |  |  |  |  |  |  O  |  |  |  |  |
N   |  |  |  |  |  |  O  |  |  |  |  |
X   |  |  |  |  |  |  |  |  |  |  |  |
          -     -     -     -        -

5-181  15:20:24:30:40  0.433  E2,A3,C3,E3,A4
N   |  |  |  |  O  |  |  |  |  |  |  |
N   |  |  |  |  O  |  |  |  |  |  |  |
N   |  |  |  |  O  |  |  |  |  |  |  |
N   |  |  |  |  |  |  O  |  |  |  |  |
N   |  |  |  |  |  |  O  |  |  |  |  |
X   |  |  |  |  |  |  |  |  |  |  |  |
          -     -     -     -        -
```

```
5-182  15:20:24:30:48  0.425  E2,A3,C3,E3,C4
N   |   |   |   |   |   |   |   O   |   |   |   |
N   |   |   |   |   O   |   |   |   |   |   |   |
N   |   |   |   |   O   |   |   |   |   |   |   |
N   |   |   |   |   |   |   O   |   |   |   |   |
N   |   |   |   |   |   |   O   |   |   |   |   |
X   |   |   |   |   |   |   |   |   |   |   |   |
            -       -       -       -           -

5-197  15:24:30:40:30  0.4  E1,E2,C3,E3,A4,E3
O   |   |   |   |   |   |   |   |   |   |   |   |
N   |   |   |   |   |   |   |   |   |   O   |   |
N   |   |   |   |   |   |   |   |   O   |   |   |
N   |   |   |   |   |   |   |   |   |   O   |   |
N   |   |   |   |   |   |   O   |   |   |   |   |
X   |   |   |   |   |   |   |   |   |   |   |   |
            -       -       -       -           -

5-198  5:7:10:7:14  1.314  F2,B3,F3,B3,B4
N   |   |   |   |   |   |   O   |   |   |   |   |
O   |   |   |   |   |   |   |   |   |   |   |   |
N   |   |   |   |   |   |   |   |   |   O   |   |
N   |   |   |   |   |   |   |   |   O   |   |   |
N   |   |   |   |   |   |   |   O   |   |   |   |
X   |   |   |   |   |   |   |   |   |   |   |   |
            -       -       -       -           -

5-199  10:14:20:14:35  0.643  F2,B3,F3,B3,D#4
N   |   |   |   |   |   |   |   |   |   |   O   |
O   |   |   |   |   |   |   |   |   |   |   |   |
N   |   |   |   |   |   |   |   |   |   O   |   |
N   |   |   |   |   |   |   |   |   O   |   |   |
N   |   |   |   |   |   |   |   O   |   |   |   |
X   |   |   |   |   |   |   |   |   |   |   |   |
            -       -       -       -           -

5-200  15:21:30:35:42  0.4  F2,B3,F3,G#3,B4
N   |   |   |   |   |   |   O   |   |   |   |   |
N   |   |   |   |   |   |   |   |   O   |   |   |
N   |   |   |   |   |   |   |   |   |   O   |   |
N   |   |   |   |   |   |   |   |   O   |   |   |
N   |   |   |   |   |   |   |   O   |   |   |   |
X   |   |   |   |   |   |   |   |   |   |   |   |
            -       -       -       -           -
```

Four-Note Jazz Chords

```
4-21  10:20:25:32  0.443  E1,E2,G#2,C3
X   |  |  |  |  |  |  |  |  |  |  |  |
X   |  |  |  |  |  |  |  |  |  |  |  |
N   |  |  |  |  O  |  |  |  |  |  |  |
N   |  |  |  |  |  O  |  |  |  |  |  |
N   |  |  |  |  |  |  O  |  |  |  |  |
O   |  |  |  |  |  |  |  |  |  |  |  |
          -     -     -     -        -
```

```
4-23  3:6:8:9  1.27  E1,E2,A3,B3
X   |  |  |  |  |  |  |  |  |  |  |  |
X   |  |  |  |  |  |  |  |  |  |  |  |
N   |  |  |  O  |  |  |  |  |  |  |  |
N   |  |  |  |  |  |  O  |  |  |  |  |
N   |  |  |  |  |  |  O  |  |  |  |  |
O   |  |  |  |  |  |  |  |  |  |  |  |
          -     -     -     -        -
```

```
4-30  5:10:16:20  0.825  E1,E2,C3,E3
X   |  |  |  |  |  |  |  |  |  |  |  |
X   |  |  |  |  |  |  |  |  |  |  |  |
N   |  |  |  |  |  |  |  |  O  |  |  |
N   |  |  |  |  |  |  |  |  |  O  |  |
N   |  |  |  |  |  |  O  |  |  |  |  |
O   |  |  |  |  |  |  |  |  |  |  |  |
          -     -     -     -        -
```

```
4-41  10:25:32:40  0.393  E1,G#2,C3,E3
X   |  |  |  |  |  |  |  |  |  |  |  |
X   |  |  |  |  |  |  |  |  |  |  |  |
N   |  |  |  |  |  |  |  |  O  |  |  |
N   |  |  |  |  |  |  |  |  |  O  |  |
N   |  |  |  |  |  |  |  |  |  |  O  |
O   |  |  |  |  |  |  |  |  |  |  |  |
          -     -     -     -        -
```

```
4-43   5:7:10:14   1.029   F1,B2,F2,B3
X | | | | | | | | | | | |
X | | | | | | | | | | | |
N | | | O | | | | | | | |
N | | O | | | | | | | | |
N | O | | | | | | | | | |
N O | | | | | | | | | | |
      -   -   -   -     -
```

```
4-45   7:10:14:20   0.729   F#1,C2,F#2,C3
X | | | | | | | | | | | |
X | | | | | | | | | | | |
N | | | | O | | | | | | |
N | | | O | | | | | | | |
N | | O | | | | | | | | |
N | O | | | | | | | | | |
      -   -   -   -     -
```

```
4-56   5:6:9:12   1.122   G#1,B2,F#2,B3
X | | | | | | | | | | | |
X | | | | | | | | | | | |
N | | | O | | | | | | | |
N | | | O | | | | | | | |
N | O | | | | | | | | | |
N | | | O | | | | | | | |
      -   -   -   -     -
```

```
4-57   10:15:18:24   0.528   G#1,D#2,F#2,B3
X | | | | | | | | | | | |
X | | | | | | | | | | | |
N | | | O | | | | | | | |
N | | | O | | | | | | | |
N | | | | | O | | | | | |
N | | | O | | | | | | | |
      -   -   -   -     -
```

```
4-58   10:15:20:24   0.517   G#1,D#2,G#2,B3
X | | | | | | | | | | | |
X | | | | | | | | | | | |
N | | | O | | | | | | | |
N | | | | | O | | | | | |
N | | | | | O | | | | | |
N | | | O | | | | | | | |
      -   -   -   -     -
```

```
4-59  10:10:15:24  0.617  A2,A2,E2,C3
X   |   |   |   |   |   |   |   |   |   |   |   |
X   |   |   |   |   |   |   |   |   |   |   |   |
N   |   |   |   |   O   |   |   |   |   |   |   |
N   |   O   |   |   |   |   |   |   |   |   |   |
O   |   |   |   |   |   |   |   |   |   |   |   |
N   |   |   |   |   O   |   |   |   |   |   |   |
            -       -       -       -           -

4-64  5:5:10:12  1.167  A2,A2,A3,C3
X   |   |   |   |   |   |   |   |   |   |   |   |
X   |   |   |   |   |   |   |   |   |   |   |   |
N   |   |   |   |   O   |   |   |   |   |   |   |
N   |   |   |   |   |   |   O   |   |   |   |   |
O   |   |   |   |   |   |   |   |   |   |   |   |
N   |   |   |   |   O   |   |   |   |   |   |   |
            -       -       -       -           -

4-65  5:5:10:14  1.143  A2,A2,A3,D#3
X   |   |   |   |   |   |   |   |   |   |   |   |
X   |   |   |   |   |   |   |   |   |   |   |   |
N   |   |   |   |   |   |   |   O   |   |   |   |
N   |   |   |   |   |   |   O   |   |   |   |   |
O   |   |   |   |   |   |   |   |   |   |   |   |
N   |   |   |   |   O   |   |   |   |   |   |   |
            -       -       -       -           -

4-67  10:12:15:20  0.6  A2,C2,E2,A3
X   |   |   |   |   |   |   |   |   |   |   |   |
X   |   |   |   |   |   |   |   |   |   |   |   |
N   |   O   |   |   |   |   |   |   |   |   |   |
N   |   O   |   |   |   |   |   |   |   |   |   |
N   |   |   O   |   |   |   |   |   |   |   |   |
N   |   |   |   |   O   |   |   |   |   |   |   |
            -       -       -       -           -

4-68  10:12:15:24  0.583  A2,C2,E2,C3
X   |   |   |   |   |   |   |   |   |   |   |   |
X   |   |   |   |   |   |   |   |   |   |   |   |
N   |   |   |   |   O   |   |   |   |   |   |   |
N   |   O   |   |   |   |   |   |   |   |   |   |
N   |   |   O   |   |   |   |   |   |   |   |   |
N   |   |   |   |   O   |   |   |   |   |   |   |
            -       -       -       -           -
```

```
4-75  5:7:10:12  1.052  A2,D#2,A3,C3
X   |   |   |   |   |   |   |   |   |   |   |   |
X   |   |   |   |   |   |   |   |   |   |   |   |
N   |   |   |   |   O   |   |   |   |   |   |   |
N   |   |   |   |   |   |   O   |   |   |   |   |
N   |   |   |   |   |   O   |   |   |   |   |   |
N   |   |   |   |   O   |   |   |   |   |   |   |
            -       -       -       -           -
```

```
4-76  5:7:10:14  1.029  A2,D#2,A3,D#3
X   |   |   |   |   |   |   |   |   |   |   |   |
X   |   |   |   |   |   |   |   |   |   |   |   |
N   |   |   |   |   |   |   |   O   |   |   |   |
N   |   |   |   |   |   |   O   |   |   |   |   |
N   |   |   |   |   |   O   |   |   |   |   |   |
N   |   |   |   |   O   |   |   |   |   |   |   |
            -       -       -       -           -
```

```
4-80  10:15:20:24  0.517  A2,E2,A3,C3
X   |   |   |   |   |   |   |   |   |   |   |   |
X   |   |   |   |   |   |   |   |   |   |   |   |
N   |   |   |   |   O   |   |   |   |   |   |   |
N   |   |   |   |   |   |   O   |   |   |   |   |
N   |   |   |   |   |   |   O   |   |   |   |   |
N   |   |   |   |   O   |   |   |   |   |   |   |
            -       -       -       -           -
```

```
4-92  12:15:20:24  0.483  B2,D#2,G#2,B3
X   |   |   |   |   |   |   |   |   |   |   |   |
X   |   |   |   |   |   |   |   |   |   |   |   |
N   |   |   |   O   |   |   |   |   |   |   |   |
N   |   |   |   |   |   O   |   |   |   |   |   |
N   |   |   |   |   |   O   |   |   |   |   |   |
N   |   |   |   |   |   |   O   |   |   |   |   |
            -       -       -       -           -
```

```
4-93  12:15:20:30  0.467  B2,D#2,G#2,D#3
X   |   |   |   |   |   |   |   |   |   |   |   |
X   |   |   |   |   |   |   |   |   |   |   |   |
N   |   |   |   |   |   |   |   O   |   |   |   |
N   |   |   |   |   |   O   |   |   |   |   |   |
N   |   |   |   |   |   O   |   |   |   |   |   |
N   |   |   |   |   |   |   O   |   |   |   |   |
            -       -       -       -           -
```

```
4-98  7:10:14:20  0.729  B2,F2,B3,F3
X   |   |   |   |   |   |   |   |   |   |   |   |
X   |   |   |   |   |   |   |   |   |   |   |   |
N   |   |   |   |   |   |   |   |   |   O   |   |
N   |   |   |   |   |   |   |   |   O   |   |   |
N   |   |   |   |   |   |   |   O   |   |   |   |
N   |   |   |   |   |   |   O   |   |   |   |   |
           -       -       -       -           -

4-100  6:9:10:15  0.889  B2,F#2,G#2,D#3
X   |   |   |   |   |   |   |   |   |   |   |   |
X   |   |   |   |   |   |   |   |   |   |   |   |
N   |   |   |   |   |   |   |   O   |   |   |   |
N   |   |   |   |   |   O   |   |   |   |   |   |
N   |   |   |   |   |   |   |   |   O   |   |   |
N   |   |   |   |   |   |   O   |   |   |   |   |
           -       -       -       -           -

4-105  6:5:10:12  1.1  C2,A2,A3,C3
X   |   |   |   |   |   |   |   |   |   |   |   |
X   |   |   |   |   |   |   |   |   |   |   |   |
N   |   |   |   |   O   |   |   |   |   |   |   |
N   |   |   |   |   |   |   O   |   |   |   |   |
O   |   |   |   |   |   |   |   |   |   |   |   |
N   |   |   |   |   |   |   |   O   |   |   |   |
           -       -       -       -           -

4-106  6:5:10:14  1.076  C2,A2,A3,D#3
X   |   |   |   |   |   |   |   |   |   |   |   |
X   |   |   |   |   |   |   |   |   |   |   |   |
N   |   |   |   |   |   |   |   O   |   |   |   |
N   |   |   |   |   |   |   O   |   |   |   |   |
O   |   |   |   |   |   |   |   |   |   |   |   |
N   |   |   |   |   |   |   |   O   |   |   |   |
           -       -       -       -           -

4-107  6:5:10:15  1.067  C2,A2,A3,E3
X   |   |   |   |   |   |   |   |   |   |   |   |
X   |   |   |   |   |   |   |   |   |   |   |   |
N   |   |   |   |   |   |   |   |   O   |   |   |
N   |   |   |   |   |   |   O   |   |   |   |   |
O   |   |   |   |   |   |   |   |   |   |   |   |
N   |   |   |   |   |   |   |   O   |   |   |   |
           -       -       -       -           -
```

```
4-109  6:5:12:14  1.043  C2,A2,C3,D#3
X   |   |   |   |   |   |   |   |   |   |   |   |
X   |   |   |   |   |   |   |   |   |   |   |   |
N   |   |   |   |   |   |   |   O   |   |   |   |
N   |   |   |   |   |   |   |   |   |   O   |   |
O   |   |   |   |   |   |   |   |   |   |   |   |
N   |   |   |   |   |   |   |   O   |   |   |   |
            -       -       -       -           -

4-110  6:5:12:15  1.033  C2,A2,C3,E3
X   |   |   |   |   |   |   |   |   |   |   |   |
X   |   |   |   |   |   |   |   |   |   |   |   |
N   |   |   |   |   |   |   |   |   O   |   |   |
N   |   |   |   |   |   |   |   |   |   O   |   |
O   |   |   |   |   |   |   |   |   |   |   |   |
N   |   |   |   |   |   |   |   O   |   |   |   |
            -       -       -       -           -

4-114  6:7:10:12  0.986  C2,D#2,A3,C3
X   |   |   |   |   |   |   |   |   |   |   |   |
X   |   |   |   |   |   |   |   |   |   |   |   |
N   |   |   |   |   O   |   |   |   |   |   |   |
N   |   |   |   |   |   |   O   |   |   |   |   |
N   |   |   |   |   |   O   |   |   |   |   |   |
N   |   |   |   |   |   |   |   O   |   |   |   |
            -       -       -       -           -

4-115  6:7:10:14  0.962  C2,D#2,A3,D#3
X   |   |   |   |   |   |   |   |   |   |   |   |
X   |   |   |   |   |   |   |   |   |   |   |   |
N   |   |   |   |   |   |   |   O   |   |   |   |
N   |   |   |   |   |   |   O   |   |   |   |   |
N   |   |   |   |   |   O   |   |   |   |   |   |
N   |   |   |   |   |   |   |   O   |   |   |   |
            -       -       -       -           -

4-120  12:15:20:24  0.483  C2,E2,A3,C3
X   |   |   |   |   |   |   |   |   |   |   |   |
X   |   |   |   |   |   |   |   |   |   |   |   |
N   |   |   |   |   O   |   |   |   |   |   |   |
N   |   |   |   |   |   |   O   |   |   |   |   |
N   |   |   |   |   |   |   O   |   |   |   |   |
N   |   |   |   |   |   |   |   O   |   |   |   |
            -       -       -       -           -
```

```
4-121  12:15:20:30  0.467  C2,E2,A3,E3
X   |   |   |   |   |   |   |   |   |   |   |   |
X   |   |   |   |   |   |   |   |   |   |   |   |
N   |   |   |   |   |   |   |   |   O   |   |   |
N   |   |   |   |   |   |   O   |   |   |   |   |
N   |   |   |   |   |   |   O   |   |   |   |   |
N   |   |   |   |   |   |   |   O   |   |   |   |
            -       -       -       -           -

4-122  5:7:10:14  1.029  C2,F#2,C3,F#3
X   |   |   |   |   |   |   |   |   |   |   |   |
X   |   |   |   |   |   |   |   |   |   |   |   |
N   |   |   |   |   |   |   |   |   |   |   O   |
N   |   |   |   |   |   |   |   |   |   O   |   |
N   |   |   |   |   |   |   |   |   O   |   |   |
N   |   |   |   |   |   |   |   O   |   |   |   |
            -       -       -       -           -

4-148  5:7:10:12  1.052  A2,D#2,A3,C3
X   |   |   |   |   |   |   |   |   |   |   |   |
N   O   |   |   |   |   |   |   |   |   |   |   |
N   |   O   |   |   |   |   |   |   |   |   |   |
N   O   |   |   |   |   |   |   |   |   |   |   |
O   |   |   |   |   |   |   |   |   |   |   |   |
X   |   |   |   |   |   |   |   |   |   |   |   |
            -       -       -       -           -

4-149  5:7:10:14  1.029  A2,D#2,A3,D#3
X   |   |   |   |   |   |   |   |   |   |   |   |
N   |   |   |   O   |   |   |   |   |   |   |   |
N   |   O   |   |   |   |   |   |   |   |   |   |
N   O   |   |   |   |   |   |   |   |   |   |   |
O   |   |   |   |   |   |   |   |   |   |   |   |
X   |   |   |   |   |   |   |   |   |   |   |   |
            -       -       -       -           -

4-152  10:15:20:24  0.517  A2,E2,A3,C3
X   |   |   |   |   |   |   |   |   |   |   |   |
N   O   |   |   |   |   |   |   |   |   |   |   |
N   |   O   |   |   |   |   |   |   |   |   |   |
N   |   O   |   |   |   |   |   |   |   |   |   |
O   |   |   |   |   |   |   |   |   |   |   |   |
X   |   |   |   |   |   |   |   |   |   |   |   |
            -       -       -       -           -
```

```
4-153  10:15:24:30  0.483  A2,E2,C3,E3
X   |   |   |   |   |   |   |   |   |   |   |   |
N   |   |   |   |   O   |   |   |   |   |   |   |
N   |   |   |   |   O   |   |   |   |   |   |   |
N   |   O   |   |   |   |   |   |   |   |   |   |
O   |   |   |   |   |   |   |   |   |   |   |   |
X   |   |   |   |   |   |   |   |   |   |   |   |
            -       -       -       -           -

4-161  5:10:12:14  0.91  A2,A3,C3,D#3
X   |   |   |   |   |   |   |   |   |   |   |   |
N   |   |   |   O   |   |   |   |   |   |   |   |
N   |   |   |   |   O   |   |   |   |   |   |   |
N   |   |   |   |   |   |   O   |   |   |   |   |
O   |   |   |   |   |   |   |   |   |   |   |   |
X   |   |   |   |   |   |   |   |   |   |   |   |
            -       -       -       -           -

4-162  5:10:12:15  0.9  A2,A3,C3,E3
X   |   |   |   |   |   |   |   |   |   |   |   |
N   |   |   |   |   O   |   |   |   |   |   |   |
N   |   |   |   |   O   |   |   |   |   |   |   |
N   |   |   |   |   |   |   O   |   |   |   |   |
O   |   |   |   |   |   |   |   |   |   |   |   |
X   |   |   |   |   |   |   |   |   |   |   |   |
            -       -       -       -           -

4-167  5:10:14:20  0.843  A2,A3,D#3,A4
X   |   |   |   |   |   |   |   |   |   |   |   |
N   |   |   |   |   |   |   |   |   |   O   |   |
N   |   |   |   |   |   |   |   O   |   |   |   |
N   |   |   |   |   |   |   O   |   |   |   |   |
O   |   |   |   |   |   |   |   |   |   |   |   |
X   |   |   |   |   |   |   |   |   |   |   |   |
            -       -       -       -           -

4-171  5:12:14:20  0.81  A2,C3,D#3,A4
X   |   |   |   |   |   |   |   |   |   |   |   |
N   |   |   |   |   |   |   |   |   |   O   |   |
N   |   |   |   |   |   |   |   O   |   |   |   |
N   |   |   |   |   |   |   |   |   |   O   |   |
O   |   |   |   |   |   |   |   |   |   |   |   |
X   |   |   |   |   |   |   |   |   |   |   |   |
            -       -       -       -           -
```

```
4-173  5:12:15:20  0.8  A2,C3,E3,A4
X   |   |   |   |   |   |   |   |   |   |   |   |
N   |   |   |   |   |   |   |   |   |   O   |   |
N   |   |   |   |   |   |   |   |   O   |   |   |
N   |   |   |   |   |   |   |   |   |   O   |   |
O   |   |   |   |   |   |   |   |   |   |   |   |
X   |   |   |   |   |   |   |   |   |   |   |   |
            -       -       -       -           -
```

```
4-178  12:15:20:24  0.483  B2,D#2,G#2,B3
X   |   |   |   |   |   |   |   |   |   |   |   |
O   |   |   |   |   |   |   |   |   |   |   |   |
N   O   |   |   |   |   |   |   |   |   |   |   |
N   O   |   |   |   |   |   |   |   |   |   |   |
N   |   O   |   |   |   |   |   |   |   |   |   |
X   |   |   |   |   |   |   |   |   |   |   |   |
            -       -       -       -           -
```

```
4-179  7:10:14:14  0.771  B2,F2,B3,B3
X   |   |   |   |   |   |   |   |   |   |   |   |
O   |   |   |   |   |   |   |   |   |   |   |   |
N   |   |   |   O   |   |   |   |   |   |   |   |
N   |   |   O   |   |   |   |   |   |   |   |   |
N   |   O   |   |   |   |   |   |   |   |   |   |
X   |   |   |   |   |   |   |   |   |   |   |   |
            -       -       -       -           -
```

```
4-180  6:9:10:15  0.889  B2,F#2,G#2,D#3
X   |   |   |   |   |   |   |   |   |   |   |   |
N   |   |   |   O   |   |   |   |   |   |   |   |
N   O   |   |   |   |   |   |   |   |   |   |   |
N   |   |   |   O   |   |   |   |   |   |   |   |
N   |   O   |   |   |   |   |   |   |   |   |   |
X   |   |   |   |   |   |   |   |   |   |   |   |
            -       -       -       -           -
```

```
4-182  12:15:20:24  0.483  C2,E2,A3,C3
X   |   |   |   |   |   |   |   |   |   |   |   |
N   O   |   |   |   |   |   |   |   |   |   |   |
N   |   O   |   |   |   |   |   |   |   |   |   |
N   |   O   |   |   |   |   |   |   |   |   |   |
N   |   |   O   |   |   |   |   |   |   |   |   |
X   |   |   |   |   |   |   |   |   |   |   |   |
            -       -       -       -           -
```

```
4-183  12:15:20:30  0.467  C2,E2,A3,E3
X   |   |   |   |   |   |   |   |   |   |   |   |
N   |   |   |   |   O   |   |   |   |   |   |   |
N   |   O   |   |   |   |   |   |   |   |   |   |
N   |   O   |   |   |   |   |   |   |   |   |   |
N   |   |   O   |   |   |   |   |   |   |   |   |
X   |   |   |   |   |   |   |   |   |   |   |   |
            -       -       -       -           -

4-204  15:20:24:24  0.4  D#2,G#2,B3,B3
X   |   |   |   |   |   |   |   |   |   |   |   |
O   |   |   |   |   |   |   |   |   |   |   |   |
N   |   |   |   O   |   |   |   |   |   |   |   |
N   |   |   |   |   |   O   |   |   |   |   |   |
N   |   |   |   |   |   O   |   |   |   |   |   |
X   |   |   |   |   |   |   |   |   |   |   |   |
            -       -       -       -           -

4-205  7:10:12:14  0.795  D#2,A3,C3,D#3
X   |   |   |   |   |   |   |   |   |   |   |   |
N   |   |   |   O   |   |   |   |   |   |   |   |
N   |   |   |   |   O   |   |   |   |   |   |   |
N   |   |   |   |   |   |   O   |   |   |   |   |
N   |   |   |   |   |   O   |   |   |   |   |   |
X   |   |   |   |   |   |   |   |   |   |   |   |
            -       -       -       -           -

4-224  6:8:9:12  0.972  E2,A3,B3,E3
X   |   |   |   |   |   |   |   |   |   |   |   |
N   |   |   |   |   O   |   |   |   |   |   |   |
N   |   |   |   O   |   |   |   |   |   |   |   |
N   |   |   |   |   |   |   O   |   |   |   |   |
N   |   |   |   |   |   |   O   |   |   |   |   |
X   |   |   |   |   |   |   |   |   |   |   |   |
            -       -       -       -           -

4-237  12:14:21:24  0.488  F2,G#2,D#3,F3
X   |   |   |   |   |   |   |   |   |   |   |   |
N   |   |   |   |   |   O   |   |   |   |   |   |
N   |   |   |   |   |   |   |   O   |   |   |   |
N   |   |   |   |   |   O   |   |   |   |   |   |
N   |   |   |   |   |   |   |   O   |   |   |   |
X   |   |   |   |   |   |   |   |   |   |   |   |
            -       -       -       -           -
```

```
4-238  12:14:21:28  0.476  F2,G#2,D#3,G#3
X   |   |   |   |   |   |   |   |   |   |   |   |
N   |   |   |   |   |   |   |   O   |   |   |   |
N   |   |   |   |   |   |   O   |   |   |   |   |
N   |   |   |   |   O   |   |   |   |   |   |   |
N   |   |   |   |   |   |   O   |   |   |   |   |
X   |   |   |   |   |   |   |   |   |   |   |   |
            -       -       -       -           -

4-239  5:7:10:7  1.171  F2,B3,F3,B3
X   |   |   |   |   |   |   |   |   |   |   |   |
O   |   |   |   |   |   |   |   |   |   |   |   |
N   |   |   |   |   |   |   |   |   O   |   |   |
N   |   |   |   |   |   |   |   O   |   |   |   |
N   |   |   |   |   |   |   O   |   |   |   |   |
X   |   |   |   |   |   |   |   |   |   |   |   |
            -       -       -       -           -

4-271  6:7:9:12  1.008  F2,G#2,C3,F3
N   O   |   |   |   |   |   |   |   |   |   |   |
N   O   |   |   |   |   |   |   |   |   |   |   |
N   O   |   |   |   |   |   |   |   |   |   |   |
N   |   |   O   |   |   |   |   |   |   |   |   |
X   |   |   |   |   |   |   |   |   |   |   |   |
X   |   |   |   |   |   |   |   |   |   |   |   |
            -       -       -       -           -

4-272  12:14:21:24  0.488  F2,G#2,D#3,F3
N   O   |   |   |   |   |   |   |   |   |   |   |
N   |   |   |   O   |   |   |   |   |   |   |   |
N   O   |   |   |   |   |   |   |   |   |   |   |
N   |   |   O   |   |   |   |   |   |   |   |   |
X   |   |   |   |   |   |   |   |   |   |   |   |
X   |   |   |   |   |   |   |   |   |   |   |   |
            -       -       -       -           -

4-273  12:14:21:28  0.476  F2,G#2,D#3,G#3
N   |   |   |   O   |   |   |   |   |   |   |   |
N   |   |   |   O   |   |   |   |   |   |   |   |
N   O   |   |   |   |   |   |   |   |   |   |   |
N   |   |   O   |   |   |   |   |   |   |   |   |
X   |   |   |   |   |   |   |   |   |   |   |   |
X   |   |   |   |   |   |   |   |   |   |   |   |
            -       -       -       -           -
```

```
4-274  5:7:7:10  1.171  F2,B3,B3,F3
N   O   |   |   |   |   |   |   |   |   |   |   |
O   |   |   |   |   |   |   |   |   |   |   |   |
N   |   |   |   O   |   |   |   |   |   |   |   |
N   |   |   O   |   |   |   |   |   |   |   |   |
X   |   |   |   |   |   |   |   |   |   |   |   |
X   |   |   |   |   |   |   |   |   |   |   |   |
            -       -       -       -           -

4-301  5:6:6:10  1.267  G#2,B3,B3,G#3
N   |   |   |   O   |   |   |   |   |   |   |   |
O   |   |   |   |   |   |   |   |   |   |   |   |
N   |   |   |   O   |   |   |   |   |   |   |   |
N   |   |   |   |   |   O   |   |   |   |   |   |
X   |   |   |   |   |   |   |   |   |   |   |   |
X   |   |   |   |   |   |   |   |   |   |   |   |
            -       -       -       -           -

4-302  5:6:6:12  1.233  G#2,B3,B3,B4
N   |   |   |   |   |   |   O   |   |   |   |   |
O   |   |   |   |   |   |   |   |   |   |   |   |
N   |   |   |   O   |   |   |   |   |   |   |   |
N   |   |   |   |   |   O   |   |   |   |   |   |
X   |   |   |   |   |   |   |   |   |   |   |   |
X   |   |   |   |   |   |   |   |   |   |   |   |
            -       -       -       -           -

4-303  10:12:15:20  0.6  G#2,B3,D#3,G#3
N   |   |   |   O   |   |   |   |   |   |   |   |
N   |   |   |   O   |   |   |   |   |   |   |   |
N   |   |   |   O   |   |   |   |   |   |   |   |
N   |   |   |   |   |   O   |   |   |   |   |   |
X   |   |   |   |   |   |   |   |   |   |   |   |
X   |   |   |   |   |   |   |   |   |   |   |   |
            -       -       -       -           -

4-304  10:12:15:24  0.583  G#2,B3,D#3,B4
N   |   |   |   |   |   |   O   |   |   |   |   |
N   |   |   |   O   |   |   |   |   |   |   |   |
N   |   |   |   O   |   |   |   |   |   |   |   |
N   |   |   |   |   |   O   |   |   |   |   |   |
X   |   |   |   |   |   |   |   |   |   |   |   |
X   |   |   |   |   |   |   |   |   |   |   |   |
            -       -       -       -           -
```

```
4-305  1.156  5:6:9:10  G#2,B3,F#3,G#3
N   |   |   |   O   |   |   |   |   |   |   |   |
N   |   |   |   |   |   |   O   |   |   |   |   |
N   |   |   |   O   |   |   |   |   |   |   |   |
N   |   |   |   |   |   O   |   |   |   |   |   |
X   |   |   |   |   |   |   |   |   |   |   |   |
X   |   |   |   |   |   |   |   |   |   |   |   |
            -       -       -       -           -

4-306  5:6:9:12  1.122  G#2,B3,F#3,B4
N   |   |   |   |   |   |   O   |   |   |   |   |
N   |   |   |   |   |   |   O   |   |   |   |   |
N   |   |   |   O   |   |   |   |   |   |   |   |
N   |   |   |   |   |   O   |   |   |   |   |   |
X   |   |   |   |   |   |   |   |   |   |   |   |
X   |   |   |   |   |   |   |   |   |   |   |   |
            -       -       -       -           -

4-311  10:15:12:24  0.583  G#2,D#3,B3,B4
N   |   |   |   |   |   |   O   |   |   |   |   |
O   |   |   |   |   |   |   |   |   |   |   |   |
N   |   |   |   |   |   |   |   O   |   |   |   |
N   |   |   |   |   |   O   |   |   |   |   |   |
X   |   |   |   |   |   |   |   |   |   |   |   |
X   |   |   |   |   |   |   |   |   |   |   |   |
            -       -       -       -           -

4-312  10:15:18:24  0.528  G#2,D#3,F#3,B4
N   |   |   |   |   |   |   O   |   |   |   |   |
N   |   |   |   |   |   |   O   |   |   |   |   |
N   |   |   |   |   |   |   |   O   |   |   |   |
N   |   |   |   |   |   O   |   |   |   |   |   |
X   |   |   |   |   |   |   |   |   |   |   |   |
X   |   |   |   |   |   |   |   |   |   |   |   |
            -       -       -       -           -

4-313  10:15:20:24  0.517  G#2,D#3,G#3,B4
N   |   |   |   |   |   |   O   |   |   |   |   |
N   |   |   |   |   |   |   |   |   O   |   |   |
N   |   |   |   |   |   |   |   O   |   |   |   |
N   |   |   |   |   |   O   |   |   |   |   |   |
X   |   |   |   |   |   |   |   |   |   |   |   |
X   |   |   |   |   |   |   |   |   |   |   |   |
            -       -       -       -           -
```

```
4-318  10:12:15:15  0.633  A3,C3,E3,E3
O   |   |   |   |   |   |   |   |   |   |   |   |
N   |   |   |   |   O   |   |   |   |   |   |   |
N   |   |   |   |   O   |   |   |   |   |   |   |
N   |   |   |   |   |   |   O   |   |   |   |   |
X   |   |   |   |   |   |   |   |   |   |   |   |
X   |   |   |   |   |   |   |   |   |   |   |   |
            -       -       -       -           -

4-319  10:12:15:20  0.6  A3,C3,E3,A4
N   |   |   |   |   O   |   |   |   |   |   |   |
N   |   |   |   |   O   |   |   |   |   |   |   |
N   |   |   |   |   O   |   |   |   |   |   |   |
N   |   |   |   |   |   |   O   |   |   |   |   |
X   |   |   |   |   |   |   |   |   |   |   |   |
X   |   |   |   |   |   |   |   |   |   |   |   |
            -       -       -       -           -

4-320  10:12:15:24  0.583  A3,C3,E3,C4
N   |   |   |   |   |   |   |   O   |   |   |   |
N   |   |   |   |   O   |   |   |   |   |   |   |
N   |   |   |   |   O   |   |   |   |   |   |   |
N   |   |   |   |   |   |   O   |   |   |   |   |
X   |   |   |   |   |   |   |   |   |   |   |   |
X   |   |   |   |   |   |   |   |   |   |   |   |
            -       -       -       -           -

4-328  10:15:20:24  0.517  A3,E3,A4,C4
N   |   |   |   |   |   |   |   O   |   |   |   |
N   |   |   |   |   |   |   |   |   |   O   |   |
N   |   |   |   |   |   |   |   |   O   |   |   |
N   |   |   |   |   |   |   O   |   |   |   |   |
X   |   |   |   |   |   |   |   |   |   |   |   |
X   |   |   |   |   |   |   |   |   |   |   |   |
            -       -       -       -           -

4-354  12:15:20:24  0.483  B3,D#3,G#3,B4
N   |   |   |   |   |   |   O   |   |   |   |   |
N   |   |   |   |   |   |   |   |   O   |   |   |
N   |   |   |   |   |   |   |   O   |   |   |   |
N   |   |   |   |   |   |   |   |   O   |   |   |
X   |   |   |   |   |   |   |   |   |   |   |   |
X   |   |   |   |   |   |   |   |   |   |   |   |
            -       -       -       -           -
```

```
4-355  12:15:20:30  0.467  B3,D#3,G#3,D#4
N   |   |   |   |   |   |   |   |   |   |   O   |
N   |   |   |   |   |   |   |   |   O   |   |   |
N   |   |   |   |   |   |   |   O   |   |   |   |
N   |   |   |   |   |   |   |   |   O   |   |   |
X   |   |   |   |   |   |   |   |   |   |   |   |
X   |   |   |   |   |   |   |   |   |   |   |   |
            -       -       -       -           -

4-358  7:10:7:14  0.914  B3,F3,B3,B4
N   |   |   |   |   |   |   O   |   |   |   |   |
O   |   |   |   |   |   |   |   |   |   |   |   |
N   |   |   |   |   |   |   |   |   |   O   |   |
N   |   |   |   |   |   |   |   |   O   |   |   |
X   |   |   |   |   |   |   |   |   |   |   |   |
X   |   |   |   |   |   |   |   |   |   |   |   |
            -       -       -       -           -

4-359  14:20:14:35  0.443  B3,F3,B3,D#4
N   |   |   |   |   |   |   |   |   |   |   O   |
O   |   |   |   |   |   |   |   |   |   |   |   |
N   |   |   |   |   |   |   |   |   |   O   |   |
N   |   |   |   |   |   |   |   |   O   |   |   |
X   |   |   |   |   |   |   |   |   |   |   |   |
X   |   |   |   |   |   |   |   |   |   |   |   |
            -       -       -       -           -

4-361  6:9:10:15  0.889  B3,F#3,G#3,D#4
N   |   |   |   |   |   |   |   |   |   |   O   |
N   |   |   |   |   |   |   |   |   O   |   |   |
N   |   |   |   |   |   |   |   |   |   |   O   |
N   |   |   |   |   |   |   |   |   O   |   |   |
X   |   |   |   |   |   |   |   |   |   |   |   |
X   |   |   |   |   |   |   |   |   |   |   |   |
            -       -       -       -           -

4-366  6:7:10:12  0.986  C3,D#3,A4,C4
N   |   |   |   |   |   |   |   O   |   |   |   |
N   |   |   |   |   |   |   |   |   |   O   |   |
N   |   |   |   |   |   |   |   O   |   |   |   |
N   |   |   |   |   |   |   |   |   |   O   |   |
X   |   |   |   |   |   |   |   |   |   |   |   |
X   |   |   |   |   |   |   |   |   |   |   |   |
            -       -       -       -           -
```

```
4-367  6:7:10:14  0.962  C3,D#3,A4,D#4
N   |   |   |   |   |   |   |   |   |   |   O   |
N   |   |   |   |   |   |   |   |   |   O   |   |
N   |   |   |   |   |   |   |   O   |   |   |   |
N   |   |   |   |   |   |   |   |   |   O   |   |
X   |   |   |   |   |   |   |   |   |   |   |   |
X   |   |   |   |   |   |   |   |   |   |   |   |
            -       -       -       -           -

4-368  12:14:21:24  0.488  C3,D#3,A#4,C4
N   |   |   |   |   |   |   |   O   |   |   |   |
N   |   |   |   |   |   |   |   |   |   |   O   |
N   |   |   |   |   |   |   |   O   |   |   |   |
N   |   |   |   |   |   |   |   |   |   O   |   |
X   |   |   |   |   |   |   |   |   |   |   |   |
X   |   |   |   |   |   |   |   |   |   |   |   |
            -       -       -       -           -

4-369  12:14:21:28  0.476  C3,D#3,A#4,D#4
N   |   |   |   |   |   |   |   |   |   |   O   |
N   |   |   |   |   |   |   |   |   |   |   O   |
N   |   |   |   |   |   |   |   O   |   |   |   |
N   |   |   |   |   |   |   |   |   |   O   |   |
X   |   |   |   |   |   |   |   |   |   |   |   |
X   |   |   |   |   |   |   |   |   |   |   |   |
            -       -       -       -           -

4-370  12:15:20:15  0.533  C3,E3,A4,E3
O   |   |   |   |   |   |   |   |   |   |   |   |
N   |   |   |   |   |   |   |   |   |   O   |   |
N   |   |   |   |   |   |   |   |   O   |   |   |
N   |   |   |   |   |   |   |   |   |   O   |   |
X   |   |   |   |   |   |   |   |   |   |   |   |
X   |   |   |   |   |   |   |   |   |   |   |   |
            -       -       -       -           -

4-371  12:15:20:24  0.483  C3,E3,A4,C4
N   |   |   |   |   |   |   |   O   |   |   |   |
N   |   |   |   |   |   |   |   |   |   O   |   |
N   |   |   |   |   |   |   |   |   O   |   |   |
N   |   |   |   |   |   |   |   |   |   O   |   |
X   |   |   |   |   |   |   |   |   |   |   |   |
X   |   |   |   |   |   |   |   |   |   |   |   |
            -       -       -       -           -
```

```
4-372  12:15:20:30  0.467  C3,E3,A4,E4
N   |   |   |   |   |   |   |   |   |   |   |   O
N   |   |   |   |   |   |   |   |   |   O   |   |
N   |   |   |   |   |   |   |   |   O   |   |   |
N   |   |   |   |   |   |   |   |   |   O   |   |
X   |   |   |   |   |   |   |   |   |   |   |   |
X   |   |   |   |   |   |   |   |   |   |   |   |
            -       -       -       -           -
```

Afterword

I have a number of original ideas on tuning theory and I wouldn't be surprised if one or two of them turned out to be inaccurate or wrong. Over the years I have had many conjectures that turned out later to be false. But one thing I *am* fairly confident of is that, for my intents and purposes, my Eagle 53 tuning is unbeatable. Other people want other things from a tuning, and would therefore look elsewhere, but I know exactly what I want in a tuning and Eagle 53 ticks all the boxes.

I am planning on writing a book about 19 EDO (19 Equal Divisions of the Octave). 19 EDO is my favorite EDO where all the notes (not a subset) have corresponding frets on a guitar (i.e. 19 frets per octave instead of the usual 12). Eagle 53 is still my favorite tuning.

John O'Sullivan

13th February, 2021.

www.johnsmusic7.com

CPSIA information can be obtained
at www.ICGtesting.com
Printed in the USA
LVHW080449280221
680132LV00015B/1024

9 781838 121952